臨床のフラジャイル

心の支援の現在地

斎藤環×東畑開人

青土社

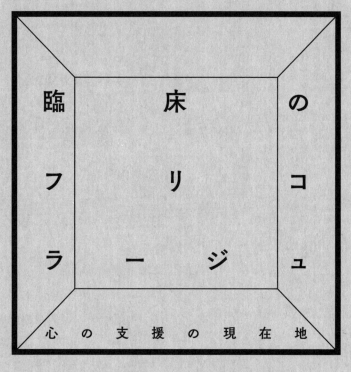

臨床のブリコラージュ　目次

臨床のブリコラージュ　心の支援の現在地

まえがき

東畑開人

ささやかな告白から始めよう。

ここ数年、新聞や週刊誌で連載をしてみたり、新書を出してみたりと、広く社会に向けて文章を書くことにチャレンジしてきた。そうやって多くの人に心についての関心を持ってもらうことは、心理士としての重要な仕事だ（いわゆる「心理教育」というやつだ）。実際、そこから学ぶこともやりがいもとても大きかったから、これからも続けていこうとは思っている。

だけど、そういう仕事をしながら、いつもどこかで居心地の悪さを感じている自分もいた。というのも、実のところ、僕の興味関心は「心の臨床」というきわめて狭い領域に限定されていて、僕の欲望は臨床心理学に対して何か新しいことを言いたい、ということに尽きているからだ。僕は本来、広い読者を相手にするにはマニアックすぎる書き手なのだと思う。

もちろん、心は誰もが持っているものだから、オオサンショウウオの専門家であるよりかは、心の専門家のほうがマニアック度合いで言えばマシな気はする。生きていれば、誰もがある程度は心を病むわけだし、日常的に心のケアを必要とする。それゆえに、世の中のいろいろなものが臨床心理学と関係してくるので、僕もそれなりに各方面に広くアンテナを張ってはきた。

例えば、僕はシャーマニズムが好きだし、悪魔祓いとかもめちゃくちゃ関心がある。除霊を受けたこともあれば、前世を見てもらったこともあり、高額のスピリチュアルセミナーに通ったことだってある。だけど、それは霊の世界に本気の関心があるからということではない。『野の医者は笑う——心の治療とは何か？』（誠信書房、二〇一五年［文春文庫、二〇二三年］）という本で書いたように、霊的治療が心理療法の祖先であり、親戚であるからにすぎない。僕が真に好きなのは臨床心理学であり、心の臨床をより深く理解するために、シャーマニズムを参照しているのが本当のところだ。

同じように、僕はＡＩによるビッグデータ分析に興味があるし、ChatGPT について書いたこともある。だけど、それは未来の心理支援にそのような情報処理技術が必ずや大きな影響を与えると思ったからだ。行政による予算配分プロセスについて調べたり、現代のリベラリズム政治についていろいろと読んだりもする。これもまた、心理士の仕事はそれら現実的な政治的・経済的権力によって枠づけられているからである。

ようは、臨床心理学オタクであり、心の臨床マニアなのである。僕の関心はものすごく狭い。とにかく臨床心理学について考えていたいし、話していたい。というか、どうしてもそうなってしまう。そう思っているから、一般書を書くときはどうしたら読者と接点をつくれるかに頭を悩ますし、他分野の学者や作家と対談をするときには何の話だったら盛り上がれるのかに神経をすり減らす。

ああ、嫌になる。なんでこんなにマニアックなのだろう。自分のどこかに普遍的な人間精神はないものだろうか。そんなことを思い悩みながら、ここ数年は仕事をしてきた。

しかし、である。ところがどっこいだ。

この本ではそういう苦悩は一切消し飛んでいる。僕は自由気ままに、なんの遠慮もなく、心の臨床オタクを丸出しにしてこの対談に没頭した。なぜなら、対談相手である斎藤環さんが、僕なんかよりもずっと年季が入り、比べものにならないくらい気合が入ったガチオタクだったからだ。

どの本の話をしても、斎藤さんは全部読んでいる。どの治療法の話、どの病気の話をしても、斎藤さんは全部押さえている。どんなマニアックな話題でも、斎藤さんはジャストミートで打ち返してくれるのだ。もしかしたら、僕がオオサンショウウオの話をしたとしても、斎藤さんならそれを心の臨床を考えるうえでの重要な話題として位置づけてくれたかもしれない。そんな期待を抱かすくらいに、パーフェクトな対談だった（僕にとっては）。

オタクがガチオタクに出会う。こんなに素晴らしいことはない。思う存分好きな話をして、ただひたすらに愛の対象について語り合う。僕は人生で初めて、完璧に話が合う人と出会ったのだ。

＊

重要なことは、これが「人生で初めて」の体験であったことだ。

なぜだろう？

心の臨床界隈にはたくさんの人間がいるわけで、僕の身近にもたくさんの心理士がいる。それなのに、ここまで話が合う人はいなかった。それは心の臨床界隈、あるいはもっと平易な言葉で言えば「メンタルヘルス界隈」の本質と関係している。

メンタルヘルス界隈とは、その名の通り、心の問題やケア、回復に関心を寄せる人たちのふんわりとしたコミュニティである。最近は政治でも心のケアがテーマになるし、芸能ニュースでもトラウマについて報道されるように、メンタルヘルスは社会の大問題になっているから、この界隈は日に日に巨大化している。

だけど、よくよく見てみると、それは決してひとまとまりの団結したコミュニティではない。むしろ、小さな村たちの集合体である。

そこには、精神科医や心理士、看護師やソーシャルワーカーのような専門家たちの村があり、それはさらに精神分析、認知行動療法、オープンダイアローグ、生物学的薬物療法などの学派村に分割されている。あるいは、病院、学校、児童相談所、企業などなどの現場村にも分かれている。

それだけじゃない。当事者たちの村もある。さまざまな障害や病気ごとの村があり、例えば依存症一つとっても何を対象にしているかによってさまざまな村がある。

行政やNPOなどの制度設計やコミュニティづくりに関心を持つ村もあれば、心の問題を学者として研究したり、出版を手伝ったりする人たちの村もある。Twitter（現X）や

YouTubeでメンタルヘルスについて発信している人たちの村もあるだろう。そして、そのような活動を通じて生産された情報や知を受け取る賢い消費者たちの村だってある。

メンタルヘルス界隈には膨大な小さな村たちが点在している。それらはときに重なり合うこともあるし、交流したり、連携したりすることもあるが、基本はお互いのことをよく知らない。村と村は遠く離れていて、お互いをパラレルワールドのように感じがちで、ときには反目し、いがみ合ったりもする。

ここがこの本のポイントだ。

メンタルヘルス界隈は基本みんなマニアックなのだ。それぞれに専門分野があって、それに没頭している。

僕も斎藤さんも例外ではない。僕は心理士村の住民で、斎藤さんは精神科医村の住民だ。僕は精神分析村ですみっこ暮らしをしていて、斎藤さんはオープンダイアローグ村とかひきこもり支援村の顔役である。臨床家としての僕らは、それぞれの専門分野にマニアックに没頭する職人でもある。

だけど、同時に僕と斎藤さんにはオタクの側面があった。つまり、自分の専門分野についての歴史を知り、全体のなかでの位置づけを知りたいという欲望があった。ガンダムオタクとは、特定のガンダムをただ愛でているだけでは満足できず、ガンダムシリーズの歴史を知り、ガンダムと関連するアニメや物語を幅広く知りたいと願う人であることを思い出すとよい。

心の臨床オタクであること。それはマニアックな臨床家であると同時に、自分がいる村を俯瞰して、広い社会のなかに位置づけたいという欲望を持つことである。だからこそ、斎藤さんは精神科医であると同時に批評家としての活動をしてきたし、僕は臨床心理学と並行して医療人類学を学んできた。

これが人生で初めて完璧に話が合ったと思えた理由だ。

オタクがガチオタクと出会った。心の臨床を広く俯瞰して語り合える人と出会った。

そこで語られているのはもちろん、あくまで僕らの見方であり、ほかの見方はありうると思う。それでも、そういう話を思う存分できる相手は少なくとも私にはこれまでいなかった。だから、自分の興味関心を語れるだけ語ってみようと思って、できたのがこの本なのである。

＊

以上がこの本の成り立ちである。

まえがきとしてはこれで十分なのかもしれないが、少しだけそこで話された中身について説明をしておきたい。

もしかしたら幾分冗長になってしまうかもしれないが、僕らが何を話し合おうとしていたのか、その枠組みを示しておくことは、このオタクな対談を理解するうえで役に立つはずだ。


それじゃあ、何が問題になっていたのか？

二つある。

振り子とブリコラージュだ。

＊

まず、振り子について。

僕らはこの本で心の臨床の過去・現在・未来について話し合っている。心の臨床はどこから来て、どこへ行こうとしているのか。そういうことを話し合うことで、メンタルヘルスケアの現在地を探ろうとした。

すると、見えてきたのは、メンタルヘルス界隈にはトレンドがあることだ。それは催眠術師の振り子のように極から極へと揺れ続けてきた。

例えば、アメリカの精神医学界では、精神分析一辺倒になった時代があったと思えば、次の時期には生物学的精神医学一辺倒になった。日本の臨床心理学では、ユング心理学が一世を風靡したあとには、認知行動療法の時代がやってきた。物語が大事だと言われる時期もあれば、エビデンスをきちんと確かめようという時期も来る。個人モデルが幅を利かせたあとには、社会モデルがその解毒として登場する。専門性の高度化が推し進められたのちに、当事者の力が再発見される。そして、それらは必ず揺り戻しに見舞われる。

心の臨床は振り子の上で行われている。それは左右に揺れて、前後に揺れる。3Dに揺れる。だから、メンタルヘルス界隈には、そのときどきのトレンドがあり、それらは祭りのように流行し、普及し、そして収束して、常識の一部になる。この繰り返しが心の臨床の歴史である。

このとき、振り子を揺らす風は社会から吹いてくる。例えば、経済的に豊かな日本社会ではユング心理学が広く普及し、新自由主義化してリスクが増大した日本社会では認知行動療法が必要とされたように、心の臨床は社会からの影響をもろに受ける。それはそのときどきの社会が心を追い詰めたり、傷つけたりするから、それに対応しなくてはいけないということでもあるし、そもそも何が心の健康で、何が心の病気なのかが社会的に決められるということでもある。どうしていると生きやすく、どうなると生きづらいのかは、時代によって変わるのである。

この意味で、心の臨床とは、根源的には文化運動なのだと思う。それは心というものが科学的なもので「も」あるけど、文学的なもので「も」あることに起因しているのだろう。客観だけで心は語り切れず、どうしても心には主観が残される。だから、そのときどきの社会の構成員たちによって、心の臨床のトレンドは移り変わっていく。

この対談で、僕らはずっと振り子の動きを追っている。そうやって浮かび上がった軌跡が、メンタルヘルス界隈の読者たちにとっては、自分の現在地を考えるきっかけになったら嬉しいし、その外側にいる読者たちにとっては、社会に吹く風を考える素材になれば幸いである。

＊

もう一つはブリコラージュだ。

人類学者レヴィ＝ストロースが言ったように、それは日曜大工の仕事を意味する言葉だ。手持ちの材料を総動員して、ありあわせでもいいし、応急手当でもいいから、目の前の困難に対処することを指す。

なぜここでそんな人類学用語が飛び出すかというと、それもまた振り子が関係している。

振り子が揺れる理由の一つは、外側から吹く社会の風にあるのだけど、もう一つは振り子自身に備わる慣性にある。

振り子には極に向かって動いていく力がある。それはすなわち、心の臨床というものが原理主義になりやすいということだ。

心はかたちのないものだから、心についての理論は、精神分析だろうと、認知行動療法だろうと、あるいは当事者研究だろうと、あらゆる現象を自由に解釈できるようなパワーがある。それゆえに、新しい理論や新しい技法が登場すると、僕らはそれに熱狂して、なんでもそれでやれるんだという原理主義に向かいやすい（斎藤さんがオープンダイアローグにハマったのにもそういうところがあるかもしれない）。

だけど、振り子には揺り戻しがある。一つの理論ですべてが解釈できるように思えたときに、それでは見えなくなっていた現実が露わになる。あるいは、一つの技法でなんでも対応できると思ったときに、その技法によって排除されてしまう人に出会う。現実が原理主義を挫折させる。このとき、振り子は反転し、反対の極へと向かい始める。

だから、僕らは玉乗りみたいだ。揺れる振り子の上で、手足をばたつかせてバランスをとる。そうじゃないと臨床は成り立たない。このとき、特定の理論や技法のパッケージにはないものたちが総動員される。ありあわせの材料を使って、目の前のクライエントに対応する。僕の言葉で言えば、それが「ふつうの相談」だ。

そう、ここに登場しているのがブリコラージュである。心の臨床において、原理主義に抵抗しようとするとき、僕らはブリコラージュに励むことになる。

極から極へと揺れる振り子の上で、極端を志向する過激派にならず、バランスをとろうとする穏健派でい続ける。そういう曲芸師のような強い体幹が、心を扱い、ケアする仕事を続けるうえで不可欠だと思うのだ。少なくとも、僕らにはそういう思想があって、それが二人のオタクから差し出されるささやかな処方箋である。

＊

ああ、やっぱり、だいぶ長くなってしまった。

僕らはとにかくたくさんの話をした。心の臨床について、縦横無尽に話をした。オタクがガチオタクと出会って、この本ができた。

それだけの説明で十分だったのかもしれない。あとは実際に読んでもらうのが一番だ。

揺れる振り子の上で、ブリコラージュを営む。

心の臨床を俯瞰しようとしながら、僕らはずっとそういうイメージに取り憑かれていた。

これが本書のタイトル「フリコラージュ」の正体だ。

振り子とブリコラージュを掛け合わせたダジャレだ。わかりにくい新造語だし、いまとなってはそれほど面白くないのではと不安にもなっている。

でも、最後の対談を終え、打ち上げに出かけるまでのしばしの時間に、「フリコラージュ」という言葉がどこからともなく登場したとき、僕らは異常にウケてしまった。大笑いして、僕らの対談のすべてを言い当てている言葉を発見したと思ったのだ。斎藤さんの言葉を借りるなら、アガってしまったのである。

そう、そんな幸福な雰囲気の中で、この対談は行われたということだ。

というわけで、早速始めてみよう。
フリコラージュな心の臨床ワールドに、ようこそ。

二〇二三年一〇月四日
田町のエクセシオールカフェにて、人々のおしゃべりを聞きながら

第一章

臨床と学問

現在地を俯瞰する

Zoomカウンセリングの現場から

斎藤 新型コロナウイルス感染症（COVID-19）が流行してから、われわれの診療に関しても、かなりZoomが導入されていますよね。

私もいま一部Zoom面接を行っていますが、ほとんどのケースはオープンダイアローグ[1]（以下、OD）的な対話実践ですね。実は当初、ZoomでODをするのは結構難しいんじゃないかと思っていました。ODの世界では、ずいぶん昔から「身体性こそが重要である」と言われていて、表情や身振りなどの身体言語を使って個人的感情を伝え合ったり、共感を表明したりすることが推奨されています。そのためにはダイアローグのチームがその場に居合わせないといけない。身体を持ち寄る必要があるわけです。ODの理論的主導者であるフィンランドの臨床心理士、ヤーコ・セイックラも「Zoomだとスーパーバイズはできても対話自体は難しい」と言っていて、実際私もそのように考えていました。にもかかわらず、ZoomでのODは意外なほどうまくいくし患者からも「対面と変わりません」と言われたりする（笑）。ただZoomとODがなぜこれほど相性がいいのかについては、わかるようでわからない。もちろん、われわれの技量不足のため対面とZoomとでそれほど差が出ないということもあるでしょう。
ただ、Zoomには〇Ｄ的に歓迎すべき点が多々あるのも事実です。なかでも一番大きいと感じたのは、地理的制約がないので遠隔地のクライエントさんの相談を受けやすくなったということですね。移動しなくても自宅で参加できるというメリットもあります。海外に住んでいるきょうだいの方が参加した例もありますし、病院を受診できないひきこもりの患者さんも参加できる。治療者チームも遠隔地の他施設間で組むことができる。そういう意味では、Zoomに移行してからむしろ自由度が上がったと思っています。

東畑　僕も東京で開業していますが、いくつかの面接はZoomに置き換えました。実はこれまでオフィスにインターネット回線を引いていなかったんです。「面接するだけだから、別にいいかな」と思って。それで、COVID-19が流行してから急いで回線を引いたんですよ。自分がオンラインカウンセリングをするというのは、それくらい想定外でした。それでZoomの面接をし始めた頃、「全面接Zoomでできるようになったら、海外の家賃が安いところとかに引っ越してもできるじゃん！」と一瞬グローバル人材的な夢想をし

1　統合失調症患者への統合的アプローチ。患者とその家族、その他関係者が車座になって「開かれた対話」を行う。一九八〇年代にフィンランドで開発・実践され、近年、日本でも注目を集めている。

てしまいました（笑）。でも、すぐに無理だと悟りました。僕らの仕事には「ローカルヒーラー性」みたいなものがあると思うんです。場所を構えて、その場所を生活圏の一部とする人と治療を営む。治療者という仕事はローカリティをアイデンティティの一部としているように思うんです。

斎藤　沖縄の在野のヒーラーたちの姿を描いた『野の医者は笑う――心の治療とは何か？』（誠信書房、二〇一五年［文春文庫、二〇二三年］）の著者らしい発想ですね（笑）。実際沖縄のヒーラーの方々は、リモートでもヒーリングはできるんでしょうか？

東畑　結構していますね。塩月亮子さんという人類学者が、『沖縄シャーマニズムの近代――聖なる狂気のゆくえ』（森話社、二〇一二年）という著作を書かれていますが、ここではシャーマニズムがオンラインでも活用されているさまが描かれています。実際に、Facebookをフル活用して、日本中で霊視をしている人はたくさんいますね。ただそれも、Facebook上のコミュニティといったローカリティを必要としている気もします。

斎藤　ローカリティの問題は、まさに今回のコロナ禍で前景化してきた部分だと思います。現時点ではリモートでの診療の可能性を追求するほうに目が向けられていて、あまりその限界に目がいかないところですが、ローカリティという要素の比重がこれからだんだんわかってくるんじゃないかと思います。例えば包括型地域生活支援プログラム[2]（ACT）

のように地元に根差したサービスは当然ローカリティの制約を受けますね。一方で地域の治療文化を共通言語のように活用できるという強味もあるでしょう。

逆に言うと、Zoomを用いるとキャッチメントエリアがなくなってしまうので、「この地域からしか受けません」といった限界設定がやりにくくなるという問題はあります。「いのちの電話」がリピーターに回線を占拠されて必要な人のアクセスが困難になる問題にも通じますね。治療者の負担も増えてしまう。ヴァーチャルなネットワークはつながりの制約がなさすぎる点が問題で、身体性やローカリティには適切なリミテーションという意義もありそうですね。

東畑　江口重幸さんは自身の精神医学を「飛鳥山精神医学」と呼んでいますね。江口さんは東京都北区の飛鳥山で生まれ、関西に行ったのちに、地元の病院に戻って、地域精神医療を行っています。ここにあるのは治療者が患者と同じコミュニティのなかで生活をしていることによる治療促進性だと思うんです。同じコミュニティを生きることによる生活のリアリティの共有は、「何を治癒とするか」という治療者にとって核心的な感覚をかたち

2　重い精神障害を持つ人が、住み慣れた場所で安心して暮らしていけるように、さまざまな職種の専門家から構成されるチームが支援を提供するアウトリーチプログラム。一九六〇年代後半に米ウィスコンシン州で発展し、日本国内にも普及しつつある。

づくると思うんです。やっぱりバリ島とかに住んで、東京のビジネスマンのオンラインカウンセリングをするのは無理ですよね。こうした治癒のローカル性をZoom面接時代にどう考えるかという問いもあります。

コロナ時代の共同性／親密性

東畑　もう一つ、コロナ禍において、共同性と親密性の問題がくっきり浮き上がったと感じています。共同性を通じた治療は、二〇二〇年の四月、五月あたりには難しくなってしまいました。自助グループのミーティングも開催できなくなり、精神科デイケアも閉めてしまったところが結構あったと聞いています。閉めていないにしても、マスクをしてデイケアに行くのが嫌だから、行かなくなる患者さんもいたそうです。この感覚は、わかる感じがするんですよね。みんなでごちゃごちゃしていて、感染リスクがある密な状態こそが共同性ですから、マスクをしてまで行きたくないというのは真実を言い当てている。

一方でこの時期には、多くの人が家庭に戻ったわけですよね。つまり親密圏を生きざるをえなくなった。そこで非常に難しいことがたくさん起こったわけです。リソースがない家では暴力が満ち溢れました。逆にリソースがある家ではいままで見失っていた関係性の大切さを見直した人もいたかもしれません。いずれにせよ、親密性が人生や生活のとても大きな部分を占めていることが、難しさとともに発見されたんだと思います。

斎藤　そうですね。中井久夫さんは阪神・淡路大震災の頃に「ハサミ状較差《かくさ》[3]」と言っていましたが、親密さを増す家族と破綻する家族とに両極化しますよね。厚労省統計でも虐待の相談対応件数は前年に比べて、二〇二〇年においては一〇－二〇パーセント程度増えているし、ＤＶ相談も一・五倍程度増えています。私はひきこもりの専門家なので、この時期にひきこもりの人々がどう反応するかに興味がありました。四月、五月はおそらく日本中がひきこもりになってしまって、当事者が「俺たちの天下だ」という展開も私としては若干期待したんです。もちろんそうはならなくて、「苦しいのは変わらない」という人が大半でしたね。例外的に、路上に人が消えたので外出しやすくなったという声は聞きましたけれど。むしろ、普段出勤して家にはいないはずの親がずっといて、ストレスがたまるという話がありました。

しかしメンタルヘルス関連で最も深刻なのは自殺の増加です。厚労省の発表では、特に

3　中井は、被災者によって健康や人間関係、経済状況の変化が異なるさまを、「最初の差は小さくても、どちらかのコースに入ると、どんどん差が開いていく」ことから、このように表現した。「一九九六年一月・神戸」（『いじめの政治学（中井久夫集６）』みすず書房、二〇一八年ほか所収）を参照。

女性の自殺の増加ぶりが著しい。二〇二〇年一〇月の男女別自殺率を、前年同月と比較すると、男性は二二パーセント程度の増加に対し、女性は八三パーセント程度増えています。この違いは非常に興味深いと思いました。というのも、もともと女性は男性の二倍うつになりやすいという統計があるんです。その一方、国別で違いはあるんですが、平均して男性のほうが女性に比べて通常自殺率は二―三倍高いんです。自殺の前駆症状は精神疾患であるということは常識的に言われていて、本来うつになりやすい女性のほうが自殺率は高いはずなんですけれど、なぜか逆転してしまっているんですね。この理由に関してはまだ定説がないんです。

これに関して私の仮説はこうです。おそらく女性のほうが横のつながりといいますか、男性に比べソーシャル・キャピタルが豊かなんです。ママ友、カフェ友の類いですね。一方、男性の人間関係は仕事関係がほとんどで、利害が絡まない横のつながりが乏しい人が多い。女性はそうした利害の絡まない関係性のなかで、相談したり愚痴をこぼしたりするといった、いわゆる援助希求ができやすいんじゃないでしょうか。これが女性の自殺リスクを相対的に低く抑えているのではないかと考えています。今回のコロナ禍で一番ダメージを受けたのはこの部分だと思います。私自身この間、ソーシャル・キャピタルが激減し、非常に弱ってしまっている女性の話をよく聞きました。もちろん背景には、女性特有の仕事や育児の困難、家庭内のストレスなどがあるわけですが。

東畑　ソーシャル・キャピタルの利用不可能性は、共同性の利用不可能性と通じますね。重要なことは、僕らがソーシャル・キャピタルを無意識に享受していたということでしょう。職場だったり友達だったりの付き合いはときに面倒だったわけですが、それが案外自分を支えていたということです。オンライン授業はアクセスが便利ですが、そこで失われたのはクラスメイトとの共同性で、それが案外授業についていくことを可能にしていた。そうした関係性のなかで小さく無意識的な援助希求がなされていたということかなと思っています。

斎藤　そうですね。無意識と共同性は重なるところが大きいと思います。つまり、普段意識していないけれど、この環境に住んでいるから死なずに済んでいるという部分は結構ありますよね。有名な研究には、岡檀《まゆみ》さんが『生き心地の良い町――この自殺率の低さには理由《わけ》がある』（講談社、二〇一三年）で書かれている、徳島県の旧海部町の自殺希少地域をめぐるものがありますね。そのコミュニティ特性がなかなか面白い。まず絆が弱い。あと援助希求への抵抗が少ない。ほかには「幸福度が低い」というのもありました。逆説的な結果で面白いんですけれど、とにかく援助希求行動がとりやすいのは大事だと思います。この絆が強すぎると、相互監視の視線が援助希求を難しくしてしまうのかもしれません。

研究成果は地理に制約されないさまざまな共同体に適用できると思いますし、先に挙げた要素はたしかに普段は意識されていないところだと思います。無意識で支えるリソースということですね。

また先ほど親密さについてお話がありましたが、私はコロナ禍で親密さが再定義されたという印象を持っています。noteの記事（「人は人と出会うべきなのか」二〇二〇年五月三〇日）にも書きましたが、三密（密閉・密集・密接）がないと親密さは醸成されにくいのではないかと実感したんです。

東畑　他者との交流には感染リスクも含めて危険な側面があった。そして、その危険性こそが親密さを深めるものでもあった。

斎藤　今回われわれが考えなければならないことの一つは、対面の重要性はどこにあったのかということだと思います。対面が求められるすべての場において、本当に会う必要があったのかどうか。コロナ禍で地方に企業がどんどん移転していき、リモートワークが自明の前提となるという推測——私はそう思いませんけれど——が幅を利かせている状況があります。人と人が会わなくても経済も社会も回るんじゃないかという発想が結構広まりつつある。一方で、学校は対面至上主義ですから、小・中・高は一時期休校したけれどまた対面授業が再開していますね。業種や分野ごとに対面の重要性がずいぶん異なっている。

会うことに付随する暴力性を普段から自覚している人が結構いて、それを避けたいがために欠勤したり、不登校になったりする人が実際に結構いるわけです。そういう人にとっては、今回のコロナ禍の自粛やひきこもりは、救いになった可能性もあります。

私見では「対面」には、その暴力性ゆえに、集団の意志決定を促す力、関係性や欲望を賦活する力があると考えています。だから関係性が重要な教育や医療、カウンセリングにおいては「対面」という担保が求められる。リモートはあくまで一時しのぎですよね。反面、情報伝達やコミュニケーションが優位な職業(IT系など)ではリモートでもなんら不都合が生じない。

こう考えていくと、改めて会うことの両面性が見えてきます。会うということに社会をまわす力もたしかにあるわけですが、もう一方では人を遠ざけストレスを与えるという暴力性もあるわけです。発達障害の特性を持つ会社員は、対人ストレスの少ないテレワークのほうがはるかに仕事の効率が上がったという話も聞きます。教育や仕事の現場において、今後は「対面」に対する耐性の多様性を踏まえた発想が重要になるでしょう。

東畑　身体性の問題につながりますね。知的な、つまり自我機能による情報処理・情報交換は、会わなくてもできます。そういうことはリモートワークで十分かもしれない。だけど、打ち合わせとかもそうですが、身体が一緒にあることで生まれるアイディアとかノリみたいなものがあった。ただ、これは多くの場合、測定不可能です。

「身体性」は別の言い方をすれば、動物的な部分と言ってもいいかもしれません。人間としての部分はリモートワークで情報交換をすればいいのだけど、動物としての部分は対面を必要とする。そして、対面しなければしないほど、動物的な部分はものすごくおびえるようになる。他者への不信感が動物レベルで出るといいますか。そうするとひきこもらざるをえなくなります。それがさまざまな関わりのなかで和らいでくると他者と一緒にいられるようになり、その良さを感じられるようになる。結局僕らが一緒に「いる」ということは、知的な部分で一緒に「いる」というよりも、もう少し身体的・動物的な部分で一緒に「いる」ということなんだと思います。これはメンタルヘルスの根幹的な問題です。

斎藤　いま東畑さんがおっしゃった、情報伝達と動物的な部分に関しての議論については、私はコミュニケーションと関係性の対比として捉えています。コミュニケーションは体がなくてもできるし、言ってみれば相手が人工知能でもできる。一方、関係性を持つためには身体性が必要で、やはり「いる」ということが基本になるのでしょう。ネット上のコミュニティが折に触れて「オフ会」を必要とするのも、身体が「いる」ことの確認作業なのかもしれませんね。

「浅層心理学」から捉える

東畑　これは親密性の話にもつながるんですが、僕のなかではオンラインで十分にできるカウンセリングと、オンラインだと難しいカウンセリングは分かれます。どういうものがオンラインでできるかというと、いわゆるサポーティヴな面接ですね。自我が弱って適応が下がってしまっている人に対しては、アドバイスをしたり、現実検討を提供したりするのが役立ちます。例えば復職支援がそうですが、そういったケースでは、心の深いところに触れるのではなく、日々の生活をきちんと運営できるようになることを目指すので、オンラインでの知的なコミュニケーションがクライエントの支えになります。

　そういう意味ではオンラインは良かったのですが、もう少し深いところを扱おうとするセラピー、例えば転移を扱ったり、心の微妙なニュアンスをシェアしたりすることを目指す面接は、僕の場合は少しずつ対面に戻っていきましたね。

斎藤　その話は、中井久夫さんが近年、「浅層心理学」と言っている[4]ことに通じるように思います。深層ではなく、ということです。

　私自身ＯＤを始めてから、精神療法が常に深くある必要はないのではないかと思っているんです。できるだけ浅いレベルで改質・改善が見られるのであればそのほうがいいのではないかと思っていて、それが最近の精神分析への反発につながっている。そういう意味では、ODは「浅く済ませる技法」と言えるとも思っています。ダイアローグ自体も、本人がある程度喋ると今度は家族が喋り出すので、本人の話がずっと続けられないということもあり、本人が望むことが深まらない。しかしネットワークの力を借りてなんとかしてしまう。これはこれでいいかな、と。

東畑　斎藤さんが今回の自粛生活がもたらした倫理観について「コロナ・ピューリタニズム」と名づけたところの問題とも通じるかもしれませんが、人と人との関係が深まるというのは制御不可能な危ういものが蠢《うごめ》くことを意味します。そのとき、適応は大なり小なり悪くなりがちですし、治療者とのあいだでも転移が活性化し、痛ましい関係が生じることもあります。深層は危険です。ですから、基本的にはふつうのコミュニケーションレベルのことを浅層で取り扱って日常生活がしっかり送れるようであれば、それで十分なケースもとても多い。

ですので、『居るのはつらいよ――ケアとセラピーについての覚書』（医学書院、二〇一九年）で書いたケアとセラピーで考えると、まずはケアで日常を可能にするという選択があって、そのあとどうしてもやむにやまれぬ事情があればセラピーにチャレンジするという順序ですね。そして、退行があまりにも深まってしまって危険であれば、もう一回浅層に戻し、適応のレベルを戻していく。この塩梅を調整するのが僕らの仕事だと思っています。

斎藤　ＯＤは転移－逆転移が非常に生じにくい構造を持っています。私は、転移は密室性に加えてヒエラルキーが介在すると起こりやすいと思っていますが、ＯＤは文字どおりオープンでフラットなので、共依存的な泥沼化が起こりにくい。これは治療者を解放するというアドバンテージもあります。要するに、極端な退行や依存が起こりにくいので、治療者が安心して感情を表出したりプライベートなことを喋ったりなど、「中立性の呪縛」から自由になれるという印象を持っています。

ただ、精神分析の人から言わせると転移－逆転移こそが無意識に近づく手法であって、それをあえて除外してしまうと浅い治療しかできないのではないかと批判されそうな気もするんですよね。東畑さんは転移概念に関して、どのようにお考えですか？

東畑　転移が治療によって不可欠なのか否かは、ケースによって違うと思います。転移に

4　「血液型性格学を問われて性格というものを考える」（『認知症に手さぐりで接近する（中井久夫集10）』みすず書房、二〇一九年所収ほか）を参照。

よって破壊的になってしまうケースもあれば、転移によって豊かな成熟が得られるケースもあります。浅層で仕事をするのが良いケースと、深層で仕事をするのが良いケースがある。ここをアセスメントするのが専門性だと思うんですね。ただ、心理療法の世界で、深層一辺倒だった時期があったのは事実です。僕も深層至上主義カルチャーの最後の頃に学んでいたのでよくわかる。

斎藤　だから是非とも東畑さんにこの話を聴きたかったんですよ（笑）。

東畑　難しい問題なんです（笑）。一つ言えるのは、この深層主義はかつて豊かだった日本社会を前提にしているのではないかという仮説です。一九八〇–九〇年代に深層が輝いていた時期がありました。河合隼雄が不登校の問題を扱い、ひきこもることに心の豊かさを見出していた時代です。山中康裕さんの内閉モデル[5]なんかもそうで、「心の深層になんらかの良きものがある」と信じられていたわけです。その前提になっているのは、ある程度社会的に中流階級が維持されていて、「家庭」なるものに信頼があったからだと思うんですね。

　でも、現在では家庭内での虐待の可能性もありますし、不登校の子どもたちに「ただ内にこもっていればいい」とはとても言えないですよね。社会が変化し、トラウマティックなことが家でこそ起こってしまう現実がだんだんあらわになっていますし、中流階級そのものが液状化して、社会はリスクに満ちています。そういう時代に、「深いのがいい」信仰を保っていくのは難しくなっています。「物は豊かになったが、心はどうか」と河合隼雄は言っていましたが、いまや「リスクは豊かになったが、心はどうか」の世界です。そのとき、まずは浅層を固めて、現実をなんとかサバイブすることに大きな価値がありす。社会理解をめぐる世代的な問題があるように思うんです。

斎藤　虐待については、単純に増加したという見方と、以前はしつけの名の下に隠蔽されていただけという見方がありますよね。DVやハラスメント問題もそうですが、かつては見すごされていた外因が時代とともに可視化されてきて、個人の心の問題として扱うことが外因を免責する口実になってしまうという懸念も出てきました。私が言う「浅層」には、家族介入やケースワークの要素が含まれていて、これはODでいう（対人）ネットワークの修復にあたります。つまり心の問題のかなりの部分は、対人環境の調整で回復できる、ということになります。あと、世代的な問題に絡めて言うと、いわゆる「傷ついた治療者」モデルがありますよね。

5　山中が不登校のクライエントの治療論として提示した「内閉論」は、個々人の関心の対象（「窓」）を介してコミュニケーションを図りつつ、心の内的な成熟をひたすら待つというものだった。『たましいの窓（山中康裕著作集1巻）』（岩崎学術出版社、二〇〇一年）を参照。

東畑　「傷ついた治療者」モデルとは、一度病んだところから癒されることによって治療者になれるというモデルですね。沖縄のユタもそうですし、精神分析のトレーニングにおいて教育分析を受けるのも同じモデルです。『ブラック・ジャック』なんかもそうです。こういうモデルの治療者はいまでも結構いると思うんですが。

斎藤　いるにはいると思うんですが、精神科医に関してはバイオロジカルなモデルに関心を持ち、そこから入る人が増えました。かつては当事者経験まではいかなくとも、自分の心の問題を解決する目的で精神科を選ぶ医師が結構いましたが、いまはそういう屈託を抱えた精神科医は少数派かもしれません。心理のほうに残っているというのは、安心できるということかもしれません。

東畑　僕はこのモデルは、かなり大事だと思っています。傷ついているところのない、ガイドラインとマニュアルで完全に装備した治療者だけだと、心の治療文化はやせ衰えてしまうと思うからです。治療文化を清潔にしようとしすぎて微妙なものを排除していくことは、心という不潔なものを扱ううえでどうなのか、と。とはいえ、清潔さを完全に捨て去るのもおかしい。そうするとハームが満ち溢れてしまうから。とはいえ、あまりに管理が行き届き、近代化しすぎると心の治療文化は貧しくなってしまいます。

斎藤　まったく同感です。「学びて思わざれば則《すなわ》ち罔《くら》し」じゃありませんが、知識だけでは心に届かない。とはいえ「現場性」や「当事者性」に依拠しすぎると視野狭窄になりがちですから、折衷性は大事ですね。東畑さん、世代的にはちょうど端境期ですよね。上の世代のカルチャーを吸収しながらも、新しい世代の価値観も受け入れつつあるということで、まさに語り部のポジションとしてはピッタリじゃないかという気がしています。

治療文化とエビデンス

斎藤　『臨床心理学』増刊一二号「治療は文化である――治癒と臨床の民族誌《エスノグラフィ》」（金剛出版、二〇二〇年）に東畑さんが書かれた論文「平成のありふれた心理療法――社会論的転回序説」を拝読しましたが、非常に面白かったです。

というのも、長年抱えていた謎が一つ解けたんですね。米国の臨床心理学者カール・ロジャースの思想を引き継いだロジャリアンの思想が戦後導入され、日本で初めてカウンセリング思想が生まれましたが、日本に入ってくるときにその思想が本来のものから、日本流のものに変質したわけです。精神分析においても似たようなところがあって、例えばフロイトに学んだ古澤平作《こざわへいさく》が精神分析を日本に導入した際に、フロイトの父性が母性に変換されてしまうんですね。古澤が提唱し、小此木啓吾によって広く流布された「阿闍世《あじゃせ》コンプレックス」などが象徴的ですね。古澤は、分析の侵襲性、つまり有害な作用の可能性を懸念して、治療者と患者が融合する体験を重視した「とろかし療法」を発案したりしています。こんなふうに日本の文脈のなかでは、母性的なものが優位になりやすい傾向が全般的に見られるんです。

カウンセリングに関しても受容文化が一般化してきて、一九八〇年代までの専門家の助言はおしなべて——私もそれでかなり苦汁を嘗めたんですが——「子供の問題行動はすべて受け入れましょう」というものでした。いわゆる「全受容」ですね。専門家による全受容的アドバイスのせいで、子の家庭内暴力に苦しむ親の子殺し事件が数件起きています。そんなふうに問題が多い発想だったんですが、このルーツが何なのかよくわからなかったんですね。東畑さんの論文はこの謎を解くための補助線になりました。簡潔にまとめれば、日本での導入期に心理学の理論がどこかにいってしまって、関係性重視になっていくという議論でしたよね。つまりロジャース流の非指示的な（クライエントに対する指示やアドバイスを控える）受容的態度は、カウンセリングにおける対話場面限定のはずだったのですが、日常生活全般において受容的であるべしという方向に変わってしまった。その結果、専門家がなだれをうって「全受容」に向かってしまった。これは精神科医もカウンセラーもみんなそうですね。一九八〇年代くらいまでそうだったと思うんですけど、そのあたりの経緯を非常に面白く拝読しました。

東畑　僕が一五年ほど前に大学院で学んだ臨床心理の初期訓練は、ロジャースの土壌の上にユングが乗っかっているという構造にありました。これは僕の考えなのですが、おそらくパラダイムになっていたのは子どものセラピーです。健康な部分があるクライエントとのあいだで、非言語的・受容的関係性を重ねていくことで成長が生じるというモデルです。このこと自体はいまでも有効な場合もあると思いますが、問題はそのことで、心を言語化することに抵抗が生じ、「体験すればわかる」と体験至上主義が浸透したことですね。このとき、心の臨床における知性の価値が見失われたと思うんです。

ここに現在の臨床心理学が抱えている社会的苦境の遠因があるように思います。「話を聴くなんて誰でもできるんじゃないか」という批判に、「深く話を聴くんです」と答えても説得力がありません。特に当事者同士でお互いに話し合うことの力を知った現代にあっては、心理士の専門性を傾聴や受容に置いても通用しませんよね。

これはインフォームド・コンセントの問題にもつながります。かつてスタンダードであったロジャース／ユングのカウンセリングは言語的に心理的な問題を説明しないので、治療関係は専門家への信頼に基づいていたのだと思います。「先生のいうことだから」みたいな（笑）。でも、いまは心理的知識自体をクライエントがいくらでも調べられます。

特に東京で開業していると、言語や知的説明を排除していては臨床が成立しないように感じています。

もう一ついでにいっておくと、臨床心理学への批判として、それがある種の現状追認に手を貸しているというものがあります。つまり、心の変化や存在の受容を重視することで、トラウマティックな環境や社会の不正義を放置してしまうという問題です。これは「心を扱う」という臨床心理学の保守主義的なアポリアですね。ですから、心を扱う仕事をするうえでは、問題が社会によって引き起こされているという社会モデルについても十分に熟知しておく必要がありますね。そういうことを考えながら「平成のありふれた心理療法」論文を書いていました。

斎藤 非常によくわかります。河合隼雄についても、私自身はそれほど深く読んでいるわけではないので遠くから見た印象論ではありますが、そうした保守主義を若干強化する方向で読まれた可能性があるのではないかと思っています。個人が主体的に知性を持って現状を変えようとするよりは、「何もしないことを頑張る」といった方向性を勧めるようなニュアンスがどうもあるような気がしてしまうんです。それを曲解すると、ある意味では暴力でもなんでも受け入れましょうという話として捉えられてしまうんじゃないかという印象を持っていました。河合さんが中心となって作成され、文科省が全国の小中学校に配布した「心のノート」にも、そうした批判がありましたよね。

目下、精神医学においては、いわゆるエビデンシャリズムが前提となっていると言いますか、エビデンスのない治療は話にならないという常識が一応定着しつつあります。といいつつ、私なんかはODなんてエビデンスの取りづらいものをやっているわけなのですが(笑)。ちなみに、臨床心理学でもエビデンスを重視する風潮はあるのでしょうか? あるとしたら、いつ頃からそれは強くなってきたのでしょうか?

東畑 エビデンスの風潮が強くなってきたのは二〇〇〇年前後くらいでしょうかね。河合隼雄の物語論的な臨床心理学に対して、認知行動療法を推す下山晴彦さんらが「エビデンスが大事だ」ということを強く主張するようになりました。[6] これは決定的な潮目の変化でした。

ただ、臨床心理は精神医療よりもエビデンシャリズムがあまり浸透していないし、これからもしないのではないかと思うんです。というのも、精神医療は「症状を消す」ことについて、ある程度ターゲットを明確にしやすいからです。例えば、うつ症状や不眠、パニック症状を減らすといったものです。一方、心理療法やカウンセリングでは、そういう

6 下山晴彦・丹野義彦編『臨床心理学とは何か(講座臨床心理学1)』(東京大学出版会、二〇〇一年)を参照。

具体的で単一の症状を消すためだけに行われることはあまりありません。

患者が達成すべき目的としてのアウトカムが何かということと、エビデンシャリズムは密接に結びついています。しかし、心の臨床というのは、アウトカムをどこに置くか決められたことそのものが、治療的にかなり前に進んだと捉えられるような営みです。「人生の目標とは何か」みたいな面接はアウトカムを決めたらゴールです(笑)。アウトカムを決めるのも心であり、そのアウトカムに向かっていくのも心です。心の主体性と心の対象性が二重になっています。だから、どうしてもエビデンシャリズムに乗りにくい。

斎藤 まったく同感です。エビデンスは基本的には薬物療法を根拠づけるために用いられるものなんです。最強のエビデンスがランダム化比較試験（ＲＣＴ）です。つまり、対照群と比較しながらコントロール群のほうにプラシボ（偽薬）を投与し、そうでないほうには本物の薬を投与して、効果に明らかに有意差があったという統計データが出れば、「エビデンスあり」というふうに決めるというものですけれど、これはほぼ薬物療法限定で、精神療法には適用できないんです。研究者も対象者も本物とプラシボの区別を知らない状態（二重盲検法）で実施されますが、そもそも精神療法ではこの手法が使えません。薬物療法に比べれば精神療法はアウトカムも定まらないし、方法論もどうしても曖昧さが残るので、厳密なＲＣＴは実施できません。結局は効果を実証したいプログラムをやった群と、別のプログラムをやった群の比較をするか、実施前と実施後の前後比較をするか、いずれにしても統計的に厳密な操作は困難なんですね。

　まして精神分析のように、患者個人との関係の一回性を重視する治療法だと、複数の事例を束ねて統計解析するなどナンセンス、という批判もありうるでしょう。かなり昔から精神療法のエビデンスを出すのは難しいという議論はあると思うのですが、先ほど申したようにプログラム間の比較は難しいですし、無理に比較をしてしまうとプログラム間の争いのようになってしまうのではないかという懸念もあります。実際にそういう比較は可能なんでしょうか。ある種のアウトカムを無理に決めた場合、例えば認知行動療法と精神分析のどちらがより良かったか、というような。

東畑　有名なのはフォナギーのグループが行った「ＴＡＤＳ」リサーチです。[7] 治療抵抗性のうつ病患者に対して一年半に及ぶ治験を行い、さらにその後二年のフォローアップを行いました。その結果一般精神科治療を行った患者群に比べて、長期的に持続する効果が

7　Fonagy, P., Rost, F., Carlyle, J. A., McPherson, S., Thomas, R., Pasco Fearon, R. M., Goldberg, D., & Taylor, D. (2015). Pragmatic randomized controlled trial of long-term psychoanalytic psychotherapy for treatment-resistant depression: the Tavistock Adult Depression Study (TADS). *World psychiatry : official journal of the World Psychiatric Association (WPA), 14*(3), 312–321. https://doi.org/10.1002/wps.20267

示唆されたという結果でした。このような結果もさることながら、精神分析陣営もエビデンスの土俵に乗ろうとしているところが重要な点だと思います。

面白いのは、下山晴彦さんが一九九〇年代の終わり頃に認知行動療法の有効性を主張し、エビデンス重視の臨床心理学を打ち出したときの、彼の真意ですね。ここで彼の視野にあったのは、行政の問題です。つまり、心理療法やカウンセリングが在野の開業モデルで捉えられていたところから――つまりフロイトやユングのような、プライベートなプラクティスで行われていたところから――もう少し行政のなかに組み込んでいかないと、未来がないのではないだろうか、と考えたわけです。当時この発想について、力動系の人はほとんど理解できていなかったように思います。いや、当時の臨床心理学全体がそこを理解できていなかった可能性がある。それで「エビデンスでは掬い取れないものがある」対「エビデンスを無視するなんて非科学的だ」なんていうような浅薄な議論で終わってしまった。

何が言いたいかというと、行政の枠組でなされる分野で、心理的支援がきちんと位置づけられるために、エビデンスが要請されたということです。社会的プレイヤーとしての臨床心理学が問題になっていて、納税者やステークホルダーを説得し、社会的合意を調達する必要があったわけです。精神分析がエビデンスを重視し始めたのも、結局行政サービスのなかでどう生き残るかという問題があるのだと思います。ただし「精神分析はそもそも行政サービスのなかで生き残るべきものなのか」という問いもあるわけですよね。フロイトがそうだったように、そもそもは行政の外でなされる野のプラクティスであったのですから。僕はここがこれから非常に重要だと思います。行政的想像力を理解したうえで、それぞれの治療文化が行政といかなる距離を持つことが良いのかという問いです。

斎藤 おっしゃるように精神分析は、フロイトやユングなど大学ではなく在野、つまり周縁にいた人から提起されてきた点については、中井久夫さんも指摘しているところです。平野の啓蒙主義的文化から正統精神医学が生まれ、森のロマン主義的文化から力動精神医学がもたらされる、というように(『分裂病と人類』東京大学出版会、一九八二年)。ともあれ精神分析はヨーロッパ圏で覇権を握り、米国で受容されてブームを巻き起こしたあと、日本でもかなり早くから一定の受容があったわけですね。面白いのは、日本ではかなり早くから「標準型精神分析療法」が保険適用になっているんですね。認知行動療法よりもはるかに早い段階で入っていて、説明にもちゃんと「口述による自由連想法を用いて、抵抗、転移、幼児体験等の分析を行い解釈を与えることによって洞察へと導く」とか書いてあるんです。誰もきちんとそんなことはしていないだろうと思うのですが(笑)、とりあえず保険請求できるという事実がある。もちろん受容文化はあったけれどエビデンスは曖昧であったにもかかわらず、なぜか診療報酬に組み込まれてしまっているという事実があるわけです。

一方、認知行動療法のほうは、エビデンスはとっくに積み上げられていても、保険診療が適用されたのは、二〇一〇年からとずいぶん遅いんです。そのギャップがすごく面白い。認知行動療法はエビデンスがあってもなかなか行政に導入されにくく、一方でどういう経緯でそうなったのかわかりませんが、精神分析はいつのまにか紛れ込んできている。つまり、制度上はエビデンスがあまり重視されていないように見えるんです。

東畑　ODはいかがですか？　いままさにエビデンスを取ろうとしていて、行政の問題を考えていらっしゃるんだろうなと思っているんですが。

斎藤　ODには、先述のヤーコ・セイックラという理論的主導者がいます。彼の方針は非常に老獪というか、したたかです。*Family Process* という家族療法の雑誌にたくさん論文を出していて、すべてオンラインで読めるのですが、論文の内容にはかなり幅がありま す。ポストモダニズムとバフチン理論に依拠してODの思想を掘り下げる一方で、ポリグラフを使って自律神経反応を記録したり、ビデオで撮った対話場面をシークエンスごとに定量分析したりしている。後者に関しては、アウトカムに寄与するのはクライエントのほうがリーダーシップを取っている場合であるという結果を出している。一種の両面作戦ですね。現代のエビデンス主義の研究手法ではODを適切に評価できないと厳しく批判しつつ、オーソドックスな手法で原著論文を量産し、地道にエビデンスを積み上げている。もしセイックラが論文を書かずにODの成功事例を満載した単著を書いていたら、売れっ子にはなっていたでしょうがアカデミアからは相手にされなくなっていたかもしれない。ODを着実に広げたいという誠実な想いゆえの「禁欲」なんでしょうね。汚れてしまった私には（笑）真似ができません。

最近のエビデンスとしては、セイックラの病院があるフィンランドの西ラップランド地方、トルニオ市において、地域全体でのコホート研究（ODLONG研究）が行われています。[8] コホート研究はRCTの次にエビデンスレベルが高いので、この発表がおそらくいま最も信頼性の高い研究であると思います。RCTに関しては、いまセイックラの指導のもとで、英国で行われているODDESSIという五年越しのプロジェクトがあります。[9] こ

8　Bergström, T., Alakare, B., Aaltonen, J., Mäki, P., Köngäs-Saviaro, P., Taskila, J. J., & Seikkula, J. (2017). The long-term use of psychiatric services within the Open Dialogue treatment system after first-episode psychosis. *Psychosis, 9*(4), 310-321. https://doi.org/10.1080/17522439.2017.1344295

9　https://www.ucl.ac.uk/pals/research/clinical-educational-and-health-psychology/research-groups/oddessi/what-oddessi-1（最終閲覧日：二〇二三年一一月二日）

こでは、ランダム化はできなかったけれど、ＲＣＴに比較的近いかたちで比較対照研究が進められています。

東畑　先日、精神医学者の村井俊哉さんと話していたのが、エビデンスという土俵というか、サイエンスという土俵に乗りやすいものと乗りにくいものがあって、乗るといいものもあれば、乗らないほうがいいものもあるということです。この腑分けをどう考えるのかは、かなり悩ましい問題だと思っているんです。というのも、治療文化はオフィシャルになればいいというわけではなく、ある種の周縁性を帯びているからこそ治癒力を持っているという側面もあるからです。オフィシャルな世界で生きられなくなった人たちが一度逃れてくる場所として治療というものはあります。公認と非公認をあわせ呑む必要があるように思うんです。

それはその時代その時代の社会のありようとの関数です。精神分析はルーツとしてはたしかに周縁性から出てきたものだけれど、アメリカに渡って大学の医学の権力とがっちり手を組み、社会の正統性を獲得しました。だけど、その後再び周縁へと戻っていく流れがあります。

中心にいるのがいいか、周縁にあるのがいいか。そのとき、行政にどの程度受け入れられるのが良いのか。ここで葛藤することが大事だと思うんですね。

斎藤　まさに東畑さんが『居るのはつらいよ』で指摘された問題ですね。アジールがアサイラム化するという。

SF作家の宮内悠介さんが『エクソダス症候群』（東京創元社、二〇一五年［創元SF文庫、二〇一七年］）という面白い作品を書いているのですが、このなかで彼は精神医学史をすごく簡潔にまとめています。つまり、精神医学史は、中井久夫が言うところの個人症候群と普遍症候群[10]を行ったり来たりするのではないか、というものです。これは一部正鵠を得ているという印象があります。例えば、動物磁気の提唱者であるフランツ・アントン・メスメルからフロイトに移行したときを考えてみると、メスメルの時代は催眠でなんでも治るという、ある種普遍症候群的な考え方です。それがフロイトに移行すると、個別の治療を非常に大事にする個人症候群的なアプローチから精神分析が生まれた。それに対してま

10　中井久夫は『治療文化論——精神医学的再構築の試み』（岩波書店、一九九〇年［岩波現代文庫、二〇〇一年］）において、それぞれの地域文化圏に特有の文化依存症候群、地域にかかわらず見られる普遍症候群に加え、「パーソナルな病い」として個人症候群という概念を提示した。

た揺り戻しが来ていて、例えば認知行動療法はどちらかというと普遍症候群寄りの治療ではないかと思います。そこに今度は、個人の心に照準するマインドフルネスが優勢になってくるという振り子運動のような動きがずっとあるわけです。この普遍症候群に適用しやすいのがエビデンスですよね。個人症候群は一回性ですから、エビデンスはあまり通用しない。この二重性が精神医学にはずっとつきまとっている。ちなみにODは当事者研究とも相性がいいように、個人症候群寄りの技法だと考えられます。

例えばナシア・ガミーが強調するところの「カテゴリー」と「ディメンション」もこれに近いと思っています。カテゴリーははっきりした臨床単位であり診断名です。「うつ病」や「統合失調症」といったもので、その病には実体が存在すると信じられており、健康と病気を区別するようななんらかの本質があると思われている疾患はカテゴリーとして分類されます。ディメンションは、「発達障害」や「パーソナリティ障害」のように、時代ごとに定義も変わり、いくつかの項目で操作的に定義づけるしかないような漠然とした概念で、極論すればわれわれはみんな発達障害的でもありパーソナリティ障害的でもあるとも言える。だから連続体、スペクトラムなんですね。こちらは程度問題ですから、個別性が重視されてくる。カテゴリーを重視すると、普遍症候群的、あるいはエビデンス的な方向が強調されます。カテゴリー、ディメンション、そのどちらかが真理だともなかなか言いきれなくて、さしあたり二通りの記述方法があると考えるしかないのかな、と。

東畑　メンタルヘルスの面白いところは、そういうふうにパラダイムが揺らぎ続けるところですよね。心理の世界ではロジャース的なものがパラダイムになった時代があり、その後は河合隼雄的なものが取って代わりました。そしていまはまた新しい時代に突入しています。

斎藤　いまはパラダイム多元主義化の時代ですか。

東畑　そうですね。面白いのは「公認心理師」という国家資格の成立前後から、教科書の書かれ方がまったく変わったことです。[11]以前の臨床心理学の教科書はだいたい学派別の章立てで書かれていました。だけど、いまでは領域別に書かれるようになりました。医療、司法、産業、福祉、教育……といった感じです。あるいはかつて教科書は原論から始まって、そこからいろいろな臨床心理学の知を提示していくという構成でつくられていましたが、二〇二〇年現在、原論のあった場所には「公認心理師法とその解釈」が置かれています。ここには決定的な想像力の変容があります。

すなわち、学問の根幹に行政的想像力が据えられているわけです。すると続くページは

11　岩壁茂ほか編『臨床心理学スタンダードテキスト』（金剛出版、二〇二三年）を参照。

行政運用上、つまり国家資格運用上の視点からみた章立てになるので、「福祉」や「医療」のような分野別の構成になる。これは本当は学問の危機のはずです。だけど実際、教科書を買う人たちもそういうものを求めるし、出版社はそういうものを出さざるをえないし、書き手も官僚主義的に与えられた役割を従順に果たすのみです。すると、大学もまた、行政的想像力に規定されたカリキュラムを運用するための場所になっていきます。繰り返しますが、これは学問の危機です。ここにはシステムに抵抗するための人文知の場所がないからです。ですから、もう一度「臨床心理学とは何か」を問わないといけない。これが僕らの世代の課題です。

斎藤　その点はやはり危機なのでしょうか。「公認心理師」が制度上、行政や教育のなかでこういう仕事を担う人であるといった位置づけがなされる、と。その際「医師の指示に基づく」といった条件もずいぶん議論を呼んだように聞きました。たしかに病院では心理師よりも医師が上とみなすようなヒエラルキーはまだありますし。そうした位置づけの問題を踏まえたうえで、内在的にはそれを批判しつつ、自由になることはできないのでしょうか。

東畑　臨床心理学の原理が、法律の条文であるというのは、僕は問題だと思います。医療や教育などさまざまな臨床現場に共通する「学としての独自性」を語ることができなくなるからです。それは公認心理師資格のせいではありません。それ以前から臨床心理学は原論を失っていました。各論や特論は無限に語られていました。学派別、問題別、領域別に小さなコミュニティがあり、そこでは繊細で精密な言葉が紡がれていました。だけど、それらを包括する言葉を失っていたわけです。まさに小宇宙がタコツボ化する多元主義です。ですから、国家資格ができるときに、臨床心理学は散々内部でもめて、いがみ合い、分裂することになりました。しかし学術的な議論をすることができず、政治的なパワーゲームに終始した。いまもその傷跡が消えていません。ここにある本質的な問題は、「国家資格」や「心理職」、あるいは「心理臨床」という、より大きなカテゴリーについて学問的に思考することができなかったということです。各論や特論は語れるのだけど、原論が語れない。つまり、臨床心理の根幹的な部分で学問的思考が停止している。これは怠慢というのではなく、多元的臨床心理学の帰結です。あまりに多様すぎて、メタな思考をする難易度が異常に上がってしまったということです。

斎藤　精神医学の話でいうと、繰り返し精神医学史は書かれてきていますし、「精神医学とは何か」というような議論も頻繁になされています。精神医学は、俯瞰的な視点から――中身がまともかどうかは別として――自分のアイデンティティに対して常に問いを持っている学問だと思います。そういう意味で、できるだけ統合的視点を持って進めていこうというコンセンサスはあったと思うのですが、一方で心理学史は私も小沢牧子さんが書いたものくらいでしか読んだことがなく、東畑さんの「平成のありふれた心理療法」でようやくそういう試みが始まった、という感じがありました。実際、臨床心理学においては、全体を俯瞰したり歴史を顧みたりする視点は乏しかったのではないでしょうか？

東畑　まさにそうです。誤解を恐れずに言うなら、そもそも臨床心理学にはある種の反知性主義が内在しています。それはホーフスタッターのいう本来の意味での反知性主義です。つまり、認知心理学のような基礎系の心理学におけるアカデミアのエリート主義に対して、在野の、ある種の周縁性を帯びた臨床心理学という対立があると思うんです。河合隼雄の書き方なんかはまさにそうです。科学の知ではなく、臨床の知だと。現場の体験が大事なのだ、と繰り返し語られてきました。それは正しい。群れとしての匿名の人間ではなく、固有名を持った個人のためのオルタナティヴな知が臨床心理学のアイデンティティであるのは間違いない。

だけど、それがあくまでオルタナティヴであることを忘れてしまうと、素朴な体験至上主義へと堕してしまいます。「臨床すればわかる」。これはたしかに事実でもあるのだけど、それだけでは自分の体験を越えて、社会に訴えていく言葉を語れなくなります。その最も悪しき現れが、議論がかみ合わない相手を「あの人は臨床やっていないから」と批判するところですね。このような批判によって、多元化したタコツボ同士は学問的交流をすることができなくなるわけです。反知性主義とは本来、「別の知性」の提示であったわけですが、これでは知性の場所がありません。

斎藤　よくある批判の一つですね。

東畑　逆にお聞きしたいのは、精神医学でそうした俯瞰的な知性が常に在り続けるというのは、一体どこからきているのでしょうか？　医学教育のプログラムのなかにそういう訓練はないだろうと思うのですが。

斎藤　もちろん教育プログラムにはないのですが、批評精神のようなものはなぜか一貫してありますね。これはかつての「反精神医学」の影響もあったというのもあります。これに加えて、いま日本で現役の精神科医に影響が大きかった木村敏さんや中井久夫さんの仕事は、見方によっては反精神医学にきわめて近い。日本の精神医学のあり方について、歴史を顧みながら内省を促す姿勢が一貫してあったと思うんです。歴史といえば「精神医学史学会」も一九九七年から連綿と活動を続けています。

精神医学のなかの人文知的な領域としては、病跡学や精神病理学がありますが、そもそも、精神病理学は、常に過去の反省に立って、「統合失調症とは何か」「うつ病とは何か」「そもそも精神疾患とは」等々を考えるメタ的な学問なので、そういう意味では精神病理学の果たしてきた役割が大きいかもしれないとは思います。もっとも、昨今の生物学主義のもとでは影響力が凋落傾向で、松本卓也さんのような方は精神病理にいまでも関心がある非常にレアな精神科医ですね。ただ見方を変えれば、精神病理学者は心理の方たちほど治療に熱心ではないとも言えますね。治療的関心よりも思想的・哲学的な議論のほうに比重があるという「悪口」は昔から言われてきたことです。私がいま理事をやっている日本病跡学会などはそのなかでも典型的で、治療とは別の文脈で、統合失調症やうつ病に罹患した天才について考えます。もっとも最近は、サルトグラフィーと称して、天才の健康生成に注目する新しい動きが出てきてはいるのですが。ちなみに病跡学でも精神科医を対象にすることがあり、こちらにもメタ的な視点はあります。

東畑　いまの話を伺っていて、反精神医学のムーブメントを内在化し、ある部分をいままでも活かし続けているのが精神医学の強みなのだと思いました。

一方、臨床心理学の不幸は、一九七〇年前後の反精神医学ムーブメントのときに、日本臨床心理学会が分裂したことです。分裂して臨床心理学会に残った人と出ていった人の二派ができて、出ていったほうは「日本心理臨床学会」となり、現在主流派となっています。日本心理臨床学会の象徴が河合隼雄ですが、彼は明確に心理モデルに舵を切りました。つまり、クライエントの問題を社会ではなく、心に見ていこうとするものです。それに対して日本臨床心理学会に残った人たちは、いまでいうところの社会モデルのほうに関心を持っていた。具体的には社会運動や地域精神医療、居場所やコミュニティの問題に関心を持ったわけですね。心理的支援は本来この二つを両輪に行われるべきです。しかしこの分裂は、臨床心理における心理モデルと社会モデルを完全に切り離してしまいました。

それこそ小沢牧子さんの『「心の専門家」はいらない』（新書y、二〇〇二年）に対しては、斎藤さんが『心理学化する社会――癒したいのは「トラウマ」か「脳」か』（河出文庫、二〇〇九年）で批評を書かれていて素晴らしいと思いました。しかし、あの評を書くのが斎藤さんだったというのが臨床心理学の不幸で、本来は臨床心理学の内部の人が応答しなければいけなかった。

斎藤　それは意外ですね。小沢さんの著作に対する内部からの批評はなかったんですか。

東畑　小沢さんの問いは基本的に日本臨床心理学会の問いです。つまり、「問題の所在は心ではなくて社会ではないだろうか。社会の問題に対して、カウンセリングは抑圧的・保守的に働いているのではないだろうか」という問いです。ここには二つの問いがあります。一つは社会モデルで、もう一つは心理療法による治癒の相対化です。前者については、おそらく信田さよ子さんを代表とするアディクション臨床の人たちや、コミュニティ心理学の人たちが答えようとしてきたと思います。ただし、後者の問いは不問に付されました。心理療法が誰にとっては有害で、誰にとっては有益であるのか、心理療法は人間をいかように象る営みであるのかというフーコー的な問いをきちんと受け止めることができなかった。ですから、心理臨床学会も臨床心理学会の問いを取り込むことができたならば、俯瞰的で自己反省的な知をインストールすることができたかもしれないのに、そこが切り離されてしまった。これは不幸でした。

目下当事者研究など、臨床心理学会の考えていたことと親和性を持ったムーブメントが出てきているのですが、臨床心理学は新しい事態に対してきちんとした言葉を持てていない。それはこのとき失われてしまった社会モデル的な想像力を取り戻さないとなかなか難しいんだろうなと思っています。

斎藤　それはかなり本質的な問いかけですね。信田さんのお名前が出ましたが、彼女はバランス感覚がすごくて、私が見たところ両者ともに良好な関係を保っている希有な方だと思います。まあ戦後の臨床心理学史の生き証人でもありますからね。私も一昨年（二〇一九年）と昨年で臨床心理学会と心理臨床学会の両方の学会で講演する機会があったのですが、規模の違いに愕然としましたね。どちらもＯＤには一定の関心を示してくれてはいるんですが、面白いのは、やはり臨床心理学会の関心はＯＤの当事者の人権や尊厳に配慮する側面に向かうし、心理臨床学会の関心はＯＤの技法的な側面に向かうんですね。

いずれにしても東畑さんのご指摘のように、社会的な問題意識と個人心理への関心が分離したのは残念なことでした。フロイトは精神分析をメタサイコロジーと呼称しましたが、分析は個人と社会の双方を扱えるという意味で、メタ心理学的な機能がまだ期待できるかもしれません。ほかの可能性としては当事者研究でしょうか。

東畑　当事者研究については、まだまだですね。藤山直樹さんと笠井清登さんが編集された『こころを使うということ――今求められる心理職のアイデンティティ』（岩崎学術出版社、二〇二〇年）には藤山さんと熊谷晋一郎さんの対談が収録されていて、非常に面白かったのですが、そこで藤山さんが「精神分析も当事者研究みたいなものだから」と語ったことがSNSで話題になっていました。

ユングやフロイトが自分自身を分析することで知をつくっていったという構造からすると、当事者研究の知の生成の方法はたしかに共通しています。傷ついた治療者的なメカニズムといってもいいかもしれない。しかし、文脈がまったく異なります。当事者研究はマジョリティに対するマイノリティからの異議申し立て運動であるという文脈が重要です。ここが臨床心理学のなかでいまだ十分に理解されていないと思います。つまり、政治的・社会的構造についての想像力と感性が機能していない。それでは、当事者研究のインパクトも「新しい治療法が出てきた」くらいの受け止め方になってしまいます。すると、心理療法が権力的で抑圧的に働きうることを見逃してしまいます。

予防とセルフマネジメント

斎藤　精神分析は分析家と分析主体（被分析者）とのあいだにどうしてもヒエラルキーが発生する構造なので（なければ「転移」が生じません）、当事者研究とは距離がありますね。それこそ「傷ついた治療者」とピアサポーターくらい違う。そうした治療文化的な側面について言えば、精神医学はきわめて単純で、理想とするのは内科学モデルですね。まず正確な診断をして、診断にみあった正しい治療をすれば良い、という。だから早期発見、早期治療モデルが素朴に信じられている。私のように「治療してみないと診断はつけられない」という立場は完全に邪道となります。

例えば、ひきこもりや統合失調症治療のバイオマーカーを発見し、早期の投薬治療で治してしまおう、という研究がある。このバイオマーカー探しはもう半世紀くらいやって成果が挙がっていないわけで、そろそろ諦めたほうがいいんじゃないかと思うんですが、それは精神科医の医師として、あるいは科学者としての矜持に抵触するのか、断念できないんですよね。だからなかなか、深層／浅層みたいな話にすら持っていけない。

これに関連して、最近の傾向で懸念しているのは、超早期発見に関する研究です。At Risk Mental State（ARMS）と言いますが、統合失調症の兆候を子ども時代に発見して、発病する前に治療してしまおうという発想ですね。東大や東北大などで研究が進められていますが、そもそも早期発見のエビデンスが不確定であるうえに、スティグマという点から見ても大きな問題をはらんでいます。早期介入先進国のオーストラリアでは、パトリック・マクゴーリが早期の薬物治療まで推奨しようとしていて、これは精神医学の暴走の最たるものだと懸念しています。こうなってくると個人の治療以上に社会防衛的なニュアンスが前面に出すぎていて、ナチス・ドイツのT4作戦[12]とかを連想してしまいます。

東畑　心理・生物・社会モデルといいますが、そのうちの心理学的な治療文化と生物学的な治療文化がこれまでの精神医学と臨床心理においてそれぞれメインストリームを占めてきました。現在の課題はそれらを「社会」の観点から問い直すことです。それは単にソーシャルワークを重視しようという話ではなく、「心理学的／生物学的治癒とは何か」を社会の文脈から捉え直すことを意味しています。つまり、この社会で生きるにあたって、ど

12　ナチス・ドイツが第二次世界大戦中に行った障害者の安楽死政策。一九四一年に中止命令が出されたあとも非公式に殺害は続き、二〇万人以上が犠牲になった。政策の計画・実行には医師や看護師も関わった。

のような状態が「善き状態」であり、「健康」と言えるのかという問いです。これはアウトカム問題にももちろんつながってきます。いまの斎藤さんの話でいえば、早期発見し、発症しないように抑え込んだため、幻聴が出なかったとしましょう。しかし、人権が侵害されているのでは、これは治癒とは言えないんじゃないか。こういった議論がいろいろなところで起きていますね。ですから、僕らは治癒の複数性を考えるべきです。何が価値で、何が健康で、何が正しいのかは、クライエントの生きている社会的環境によって変わってくるはずです。ここを細かく見ないといけない。

斎藤　社会モデルから考えるという点でいうと、心理の世界には「予防」という発想はあるのですか。

東畑　ストレス予防などはその最たるものかもしれません。

斎藤　ああ、なるほど。医学の場合は疫学があるので一次予防（プリベンション）、二次予防（インターベンション）、三次予防（ポストベンション）とかっちりした区別があり、先ほど言った早期発見モデルは一次予防ないし二次予防の末端に近い位置づけになりますね。社会集団の健康水準を高めておこうというのは自殺の一次予防でも言われたことですし。

ただちょっと思うのは、心理系の「治療」や「健康」概念は、医学のそれとは別個であってもいいのではないかと。それこそ医学のような健康／病気というカテゴリー的な発想にとらわれる必要はないわけですから、精神分析的にすべての人が病んでいる前提で、個々人のQOLをどう上げていくかという方向を極めて欲しい気もします。

精神医学が暴走した先に、ナチス・ドイツのT4作戦のような方向に行ってしまったり、ソ連において政治犯を「怠慢分裂病」と診断して強制収容したりするような方向に行ってしまった歴史もあるわけですからね。これはまさに、内科モデルの診断治療体系が心の問題に無理やり導入されることの弊害ではないかと思うところはあります。

東畑　予防に関する臨床心理学の領域でいうと、心理教育が担っています。例えば、マインドフルネスを学び、ストレスマネジメントのリテラシーを向上させようとか。

斎藤　マインドフルネスは予防なんですか?

東畑　僕はそういうふうに理解しています。予防とは「健康」な市民の啓蒙であり、教育です。ここは面白いところです。そうやってストレスマネジメントリテラシーが向上することは、一般的にはいいこととされている。実際にいいことだとは思う。自分で自分のストレスに対してきちんと対処できるようになったり、それでも辛いときにはピアサポートを頼れるようになったりすることは、善きことです。ですから、そういうプログラムが、学校での授業や会社での研修などでなされています。

しかしここには両義性があります。日々自己の状態をチェックし、自分のガス欠がわかるようにセルフマネジメントをし続ける主体が、新自由主義に最適化した主体でもあることをどう考えるか。このあたりの先鞭をつけたのは平井秀幸さんの『刑務所処遇の社会学――認知行動療法・新自由主義的規律・統治性』（世織書房、二〇一五年）ですね。そういう主体になることはたしかに現代をサバイブするのには適しているのかもしれないけれど、あまりに自己責任に偏りすぎかもしれません。人文知的には人間のモデルとして別の可能性を想像できるように、自己批判する回路を残しておく必要がある。

主体と責任

東畑　心理療法的なものが一体いかなる主体をかたちづくっているのか、そしてそれが現代社会にあっていかなる意味を持っているのか、これが大きなテーマです。社会モデルをインストールすることも含めてこうした問いに取り組まなければ、臨床心理学は人文知を失い、無自覚に暴力性を発揮することになりかねない。臨床心理学はそのために現代思想を参照し続ける必要がありますね。

斎藤　國分功一郎さんと熊谷晋一郎さんによる『〈責任〉の生成――中動態と当事者研究』（新曜社、二〇二〇年）のなかでは、國分さんが『ランボー』（テッド・コッチェフ監督、一九八二年）のシルヴェスター・スタローン演じるランボーを喩えに出していましたね。ランボーは非常に過酷な訓練を受け、どんな場所でもサバイバルできる。ちょっとやそっとではもう傷つかない非常に強靭なスーパーマン的な人物ですが、いわゆる新自由主義的な心理教育はこういうスーパーマン的な主体をつくるということを目指しているんだと思います。

ちなみに、『ランボー』は、最後にランボーがトラウトマン大佐に対して、ベトナムでこんなにひどいトラウマを受けた、ということを告白して泣き崩れてしまいます。実は私は、このラストにすごくがっかりしたんですよね。すごいモンスターが出てきたと思えば、「なんだ、結局トラウマかよ」と思って（笑）。そこまでは最高のB級映画だったんですが、一気に凡庸な社会派映画に格下げです。たしかにこれは象徴的な話で、そうとう無理しないとスーパーマンにはなれないというわけですよね。こうした主体像を脱していかないといけない。

東畑　最近のトラウマを描いたヒット作だと『鬼滅の刃』（吾峠呼世晴、集英社、二〇一六－二〇二〇年）がありますね。斎藤さんは以前『ダークナイト』（クリストファー・ノーラン監督、二〇〇八年）から『ジョーカー』（トッド・フィリップス監督、二〇一九年）へのトラウマ理解の進展の話をしていましたが、『鬼滅の刃』はこうした作品と比較するといかがでしょうか？

斎藤　すごく対照的だと思います。noteにも書いたんですが（「『鬼滅の刃』の謎　あるいは超越論的炭治郎」二〇二〇年一二月一六日）主要登場人物はみんななんらかの被害者なんですよね。鬼のほうはトラウマによってモンスター化しているし、鬼殺隊はトラウマ的な正義感で鬼と戦うんですが、どっちも暴走気味で、ちょっと「サイコパスを以ってサイコパスを制する」みたいな構図になっている。そこに炭治郎という、共感性は皆無だけど「優しさという狂気」を持つ少年が介在することで、両者に救済や成長がもたらされるわけです。このような少年漫画はいままであまり前例がなかったんじゃないでしょうか。敵のインフレーションも起こらないですし、炭治郎が戦う理由も「強くなりたいから」ではなく、あくまでも妹を人間に戻すというものです。このへんは非常によく考えられていて、トラウマのストーリーとしても結構優れているのかなと思っていました。

東畑　『鬼滅の刃』の鬼のほうのトラウマの癒しについては、どう思われますか？　トラウマティックな環境のなかで、悪い対象が膨大に膨らんでいったところに飲み込まれてしまうストーリーですが、最終的には良い対象がほのかに見つかって、内省的になり終わります。言ってみれば精神分析的なストーリーになっていて、現在のトラウマケアのストーリーとはちょっと違うように思うんですけれど。

斎藤　私はこのストーリーについて、刑法第三九条で考えているんです。三九条は精神障害を持った人は免責し、その代わりに治療するというモデルですね。私はこの法律は妥当だと思いつつも、これだけ精神障害が軽症化してくると、社会の応報感情ばかりではなく、当事者の尊厳の問題としても、このまま押し切るのは難しくなっていると思っています。病気ゆえに犯罪を犯してしまった。その場合、まず病気を治してから、きちんと罰を受けてもらいましょうという流れが出てくるんじゃないかと実は思っています。オウム事件の麻原彰晃のように、ほとんど錯乱したままの状態で死刑になってしまうということは繰り返して欲しくない。

それを『鬼滅の刃』に当てはめてみると、鬼は結局みな殺されて死んでしまう。死ぬ寸前に少し救済があります。炭治郎は鬼を殺しながらも死の直前にナラティブ（走馬灯）を蘇らせて、いわば人間に戻してから成仏させている。鬼にも同情すべきところはあったけれど、これだけ殺人を犯した以上は罰は免れない、むしろ罰が救済になりうることもあるという作者の倫理観の表明として、私の考えにかなり近いところがあります。

東畑　『〈責任〉の生成』の結論も、斎藤さんがおっしゃったことに通じますね。責任をどう引き受けていくのかについて、熊谷さんは依存症などの回復のためのプログラムである「12ステップ」を引きながら、「棚卸し」するということをおっしゃっています。ケアのなかで自分の歴史を徹底して振り返る。そうやって自身の被害性が尊重されるところにまで到達する。そうなると、ようやく自己の加害性に責任を負えるというモデルです。

斎藤　免責することによって責任がとれるということは中動態の議論から導かれるわけです。受動／能動の世界においては、意志と責任が問われる場面で問答無用に罰が下される。しかし実際には、いったん外在化して免責することによって内省が促されたり、自分の責任の範囲がしっかり理解できたりするということがあると思います。それが責任を取ることにつながっていくというモデルですね。ある種の理想であるとは思います。

しかし、犯罪やハラスメントの問題が絡んでくると難しい面もありますね。「治療するので免責して欲しい」という主張はだんだん難しくなってくると思います。先ほど述べたような「受容」の問題とも似ていますが、ケアや治療の倫理と司法上の取り扱いは分ける必要があるのではないか。具体的には、犯罪についてはしっかり罰を受けていただき、その後のケアにおいては、批判や非難は控え免責することからスタートするほうが望ましいのではないでしょうか。

セルフケアと新たなるケアの対象

東畑　これは治癒と主体性の問題とも関わるんですが、僕のオフィスでは、深層を扱う心理療法は適応が果たされていて、社会的に安定している方たちに対して行う場合が多いです。彼らは感情労働的なコミュニケーションに熟練しているので、人間関係は豊かなのだけど、それがある種の偽り性を帯びてしまう人たちです。彼らは僕と会う前から、認知行動療法的なセルフマネジメントを自然に身に付けていて、洗練されたセルフケアをしています。だけど、それが逆に他人と深く付き合えなくさせている。その結果、例えば、家族やパートナーシップに困難を抱えてしまう。セルフマネジメントを徹底すると孤独になる。そういう人が誰にも知られない不具合を抱えて、心理療法に訪れます。こうした問題は医療では扱えないし、心理療法ぐらいしか扱える場所がないんです。

斎藤　それはたしかにそう思います。

東畑　深層／浅層問題ですね。逆に浅層心理学が有効なのは、セルフマネジメントが破綻をきたしている人たちです。その人たちには、社会的サポートを可能にするソーシャルワークを行い、セルフマネジメントができるように教育的アプローチが必要です。認知行動療法はここで有効だと思います。だけど、セルフマネジメントをやりすぎている人には深層を扱う必要がある。これは伊藤絵美さんがスキーマ療法[13]を認知行動療法のさらに次のステップとして設定しているのと同じ構造です。ですから、浅層と深層はどちらが上というわけではなく、対象となるクライエントが違うわけです。ではどう違うのかを考えるのがおそらく多元主義時代の問いでしょう。しかし、お互いに「それは臨床的ではない」と非難し合っているのが現状です。クライエントが違えば、有効なアプローチが違う。この当たり前の事実をしっかりと考える必要があります。

斎藤　いまの話はすごく示唆的で面白いですし、まったく同感です。

ＯＤでいうと、これはもともと統合失調症のケアとしてできてきた手法なので、何人も統合失調症の人とダイアローグをやっているんですが、結構あっさり回復に向かう人が多いんですね。かつて統合失調症は「精神分裂病」と呼ばれていて、その病理の解明が人類救済の鍵を握るアポリアであるかのような崇高なポジションにありました。ラカン的に言うと「去勢の排除」ですね。そのような深甚なる病理を抱えているはずの人々が、あんがい簡単に改善してしまう。その意味では統合失調症の病理は、意外に深くないかもしれない。精神病理学者全員を敵に回すような発言ですが（笑）、それが率直な感想です。実際、一回一時間くらいの対話を一〇回くらい行うことで、妄想が消えてしまうんです。統合失調症はあまりにも「隠喩としての病」として神格化されすぎてしまった可能性があると思っています。

一点注釈しておくと、昔から病理の深さと難治性の度合いは平行していないという指摘はあって、重症のほうが予後が良い場合もある。逆に軽症のはずの〝神経症〟患者のように、何年間も通院しているのにはかばかしくない人もいる。だから「重症」と「難症」は分けるべきという議論もあります。

難しいのは、東畑さんが深層を用いるクライエントさんのような、それこそ表面的には適応しているように見える人々に対するダイアローグです。認知行動療法やマインドフルネスといったセルフケアのテクニックがこれほど進化してしまうと、反作用ということではないですけれど、そこから取りこぼされていく新しいケアの対象が生み出されつつあるのかもしれません。私はいわゆる「精神療法の爆発」ムーブメントが境界性パーソナリティ障害[14]の増加につながったと考えているんですが、構図は似ていますね。

東畑　まさにそこで、転移−逆転移が意味を持ってくるんだと思います。つまり、新自由主義社会に適応したセルフマネジメントに秀でた人たちが、治療関係において痛ましい憎しみや報われない愛情、そして裏切りを体験し、そのうえでそれについて話し合うことは

13　米国の心理学者ジェフリー・ヤングが構築した、認知行動療法を発展させた心理療法。その場その場で瞬間的に頭をよぎる思考やイメージ（自動思考）の背景にある、価値観やルール、イメージ（スキーマ）に焦点を当てる。

14　パーソナリティ障害の一種。自己の感覚が不安定で慢性的な空虚感があり、見捨てられる不安が強い。認知・感情・人間関係などの面で常に不安定な状態が続く。

意味があります。不快な感情について、不快なまま話し合うという転移分析が意味を持つのは、こういうケースだと思うんです。これは普段の生活ではなかなか経験できません。というのも、現代社会にあって、そういう不快さの価値が見えなくなっているからですね。一方で、セルフケアがうまくいっていない人との治療で難しい転移－逆転移が生まれると、制御不能で、ただ危険なだけになります。ある程度自分でセルフコントロールができている人だからこそ、転移を話し合うことが可能になってくる。転移は薬にも毒にもなります。よって問われるべきは、転移が薬になるのはいかなる病態の、いかなる社会的環境にある人たちかというアセスメントの問題です。

斎藤　転移が不快な感情の価値を知るためにあるというご指摘は鋭いですね。一般論的なセルフケアでは扱えない、特異的な感情の一回性を経験するという点からも同感です。そういった方々の治癒像は、もちろん千差万別だとは思いますが、おおよそどういうあたりに落ち着くのでしょうか。洞察が深まるというのはもちろんあるとしても、適応は十分にしているわけですよね。やはり幸福度が上がるといったことでしょうか。

東畑　僕自身はこのケースを親密性の課題として捉えています。他者と深く付き合っていくにはどうしたらいいか、ということです。例えば、野口裕二さんの『ナラティヴと共同性――自助グループ・当事者研究・オープンダイアローグ』（青土社、二〇一八年）によると、共同性の治療として当事者研究やODが置かれていました。それに対して深層を扱うセラピーは、親密性の治療なんだと思うんです。心理療法でパートナーシップや家族が問題になりやすいのはそれゆえですね。このきわめてプライベートな領域の苦しみは、行政の範疇外ですし、何をアウトカムとするかが揺らぎ続ける領野ですよね。今日はずっと同じ問題をめぐって話をしてきた気がします。

斎藤　非常に腑に落ちました。私も既存の精神医学に対しては、引き続きOD的なアプローチを行い、これからの精神医療の在り方を探っていきたいと思います。

東畑　今日はありがとうございました。これからは臨床心理学も精神医学も社会福祉もより大きな枠組みのなかで再編されていくはずです。臨床心理学、頑張りますので、ぜひ対話を続けさせてください。

第二章

文化と臨床

箴言とエッセイに宿る知

斎藤　中井久夫さんは今年（二〇二二年）八月八日に亡くなられました。私は以前からファンを公言していましたので追悼文の依頼をいくつか受けたのですが、幸いにも思い出はさまざまあったので、それぞれ別のことを書き分けることができました。もっとも、そこにも書いたように私は中井さんの直弟子ではなく、専ら著作を通じて私淑していたにすぎません。しかし個人的には唯一の〝師〟と考えている方です。

私が新人研修をしていた一九八〇年代後半当時、地方の単科精神科病院の病棟は非常に悲惨な状況で、畳の部屋に患者さん数人が腕を結び合わされて寝かされているといった光景も目にしました。拘束するベッドさえなかったわけです。一体自分はここで何をしているんだろう、という絶望感で気の滅入る日々だったのですが、大学院に入ってから中井さんの著作に出会って衝撃を受けました――端的に、希望をもらったのです。

その頃の精神科医のなかでは慢性の統合失調症患者＝不可逆的な廃人（「デフェクト」「欠陥状態」といった恐ろしい〝専門用語〟がありました）という認識が一般的で、シニカルでなければ専門医ではないというような変なスタイルがありました。そのなかでシニシズムに陥ることなく希望を処方してくださったのが中井さんの本、とりわけ彼の寛解過程論だったということです。それまで統合失調症の慢性状態というのはまさに〝状態（コンディション）〟であって揺るがないものと思われていたのですが、それが実は回復のプロセスの始まりなのだということを、中井さんは身体症状や描画による経過観察に即して実証的に示していた。そのことに私自身も非常に勇気づけられましたし、新人でしたから彼の真似をして描画を取り入れ風景構成法[1]をやってみるなどの試みもいろいろと行いました。どうみても破瓜《はか》型[2]の慢性期と思われるような患者さんに描いてもらった絵が非常に構成のしっかりしたもので、それを見た家族の方が涙ぐむといった場面なども経験し、コミュニケーションツールとしての絵の重要性を改めて認識したこともありました。

ただし私は同じ時期にラカン派にもハマっていまして、奇妙なことに、こちらは中井さんとまったく方向性が違うんですね。ドグマ的な理論体系があってみんな「ラカンの言わんとしたこと」の解釈に汲々としているイメージです。ジャック・ラカンという人は「精

1　中井久夫が一九六九年に考案した芸術療法の一技法。検査者が画用紙に枠を描き、指示された要素をその枠の中に順に描き入れてもらうというもの。箱庭療法にヒントを得ている。

2　統合失調症の病型の一つ。現在は解体型とも呼ばれる。思春期に発症し慢性に経過することが多い。まとまりのない会話や行動、平板ないし不適切な感情が見られる。

神病とは去勢が排除された存在である」といった構造的、もしくは本質主義的な捉え方をしていて、「過程」について傾聴に値する発言はほとんどありません。本来はまったく両立しないはずなのですが、なぜか日本のラカニアンには私も含め中井久夫ファンが多いですね。良い傾向だとは思いますが、治療文化論的にも興味深いところだと思います。

東畑　僕が中井久夫を知ったのは学部時代に受けた山中康裕先生の授業だったかと思います。山中先生という人は何ヶ国語も話せたり、知識も豊富だったりと、いわゆる〝人文学の香り〟のする碩学だったんですね。その山中先生がさらに桁違いの碩学とみなしていたのが中井久夫だった。そういう経緯があるので、僕のなかで中井久夫好きの臨床家というのは、サイエンス的精神医学よりも人文学的なものの見方と親和性が強い人たちなんだろうと思っていたので、ラカン派の人たちが中井久夫を好きだというのもなんとなくわかる気がするんです。

斎藤　たしかに人文的な関心からラカンに走る人は多いと思うので、そのあたりの志向と中井さんのスタイルとのあいだに響き合うところがあったというのはおっしゃるとおりだと思います。ただ本当に言っていることは正反対なので、自分自身も含めてどう折り合いをつけているのか不思議ではあるのですが……しかし悪いことではないと思います。解釈や分析に際してはラカンを使いつつ、治療においては中井久夫に学ぶというふうに使い分けて、それでバランスをとっている部分があるのかもしれません。

東畑　斎藤さんが研修医をされていた一九八〇年代当時の中井久夫というのは、どういう距離感の存在だったのでしょうか。というのも、僕自身たしかに中井からは影響を受けていて、特に『西欧精神医学背景史』（みすず書房、一九九九年〔新装版、二〇一五年〕）や『治療文化論――精神医学的再構築の試み』（岩波書店、一九九〇年〔岩波現代文庫、二〇〇一年〕）などの医療人類学的なお仕事からの影響は大きいと思います。ただ斎藤さんのように個人的な〝私淑〟感はないんですね。つまみ食いしてきた対象で、なんというかちょっと遠い存在なんですね。それを単純に世代の問題にすることは、同世代でも私淑している方はいると思うのでできないとしても、斎藤さんの時代とは多少、距離感の違いもあるのかなと。

斎藤　当時、中井久夫は、一般にはほとんど無名の人でした。私も読書家の先輩から教わって読み始めたような具合で、例えば河合隼雄や小田晋《すすむ》、土居健郎や小此木啓吾といったスター心理学者や精神科医に比べても〝知る人ぞ知る〟存在で、著作も意外と読まれていない、まさに好事家のアイテムという感じで、それだけ余計にハマったところはあると思います。その頃はまだ一般書やエッセイなどをあまり書いておらず、ほとんどが専門誌の論文で、特に四〇代の頃の統合失調症関係の文章は本当に切れ味がすごかったですね。

中井さんといえば優しげな笑顔の写真ばかりが知られていて、何か温厚で篤実な教養人という印象も一部にあるようですが、私から見るとそんなことは全然ない。いろんな意味で満身創痍で、怒るときは激しく怒るし、キレッキレのすごい文章を書ける人、それが「私の中井久夫」です。ちなみにこのあたりの論文が収録されていた岩崎学術出版社刊の「中井久夫著作集」（全八巻、一九八四–九一年）は現在品切れですが、その多くはちくま学芸文庫の「中井久夫コレクション」シリーズ（全五冊、二〇一一–一三年）で読むことができます。みすず書房刊の「中井久夫集」（全一一巻、二〇一七–一九年）はどちらかというとエッセイが中心のようですね。

世代的な距離感の違いとしては、統合失調症をたくさん診ているかどうかということもあると思います。一九七〇年代から一九八〇年代にかけての精神科医のアイデンティティは、やはり統合失調症にあったわけですね。統合失調症だけは内科医や心療内科医には手が出せないし、心理療法も無効であると。そうした感覚は中井さんも共有していて、彼はアルコール依存やうつ病についても語っていますが、うつ病を診るのはどうも苦手だったようですし、著作においても統合失調症への言及が他の疾患に比べて圧倒的に多いですよね。実際『現代思想』「総特集＝緊急復刊 imago 東日本大震災と〈こころ〉のゆくえ」（二〇一一年九月臨時増刊号）で私が中井さんにインタビューをした際も「中井先生の仕事が統合失調症からPTSDに重心を移されたさい、そこに現場の要請以上の何ものか、たとえば臨床感覚の変容があったかどうか」という質問に対し「私が「PTSDに重心を移した」ことはありません」と言下に否定されました（「大震災、PTSD、デブリーフィング」一九—二〇頁）。ちなみにこのときのインタビューでは私がどうしても身動きが取れずテキストで質問を用意するかたちになってしまい、直接お目にかかれなかったことはいまでも非常に後悔しています。

とにかく中井さんのアイデンティティは最後まで統合失調症にあったということで、おそらく東畑さんの感じた距離感にはそのことも多少関係しているように思います。統合失調症は臨床の現場でも新規発症の事例がどんどん減っているので、学生実習でも結構苦労するようです。研修医に急性期の発症過程を診て欲しくても、慢性患者しかいなかったりとか。一九七〇—八〇年代はそれこそ『現代思想』が統合失調症（当時は「分裂病」表記）だけで特集を組んだくらいの時代でしたが、いまは臨床的にも人文学的にもその存在感が後退しつつあるという時代背景もあるのかもしれません。二〇〇二年の「統合失調症」というふつうの名前への改称でオーラが消えたと見る向きもあります。

東畑　かつて「分裂病の精神病理」（全一六巻、東京大学出版会、一九七二—八七年）というシリーズがありましたよね。僕も若い頃に読んでいまして、そこには中井久夫も入っていたと思うのですが、ただ当時の精神病理学の現象学的・実存主義的な雰囲気とは異質ですね。

斎藤　明らかに違いますね。中井久夫は精神病理学の第二世代ということで安永浩や木村敏などと並ぶ位置づけとされていますが、ご本人は自称していませんし、半分冗談で「私や木村敏先生は反精神医学」などとも言っていたくらいですから、精神病理学に対しては一定の距離感を持っていたと思います。というのも、精神病理学のほとんどの論文は発症期の異様さであるとか、いかに「正常」から逸脱しているかの分析に終始していたんですね。木村さんの「あいだ」の精神病理学[3]にしても安永さんの「ファントム空間論」[4]にしても、まず正常心理に関する独自の心の理論を打ち立てたうえで、そのどこに異常が生じるかを検討するのが精神病理学、という風潮があった。その背景には「統合失調症が解明されれば精神の謎はすべて解明できる」という過剰な期待もあったと思います。それに対して中井さんが展開してみせたのがまさに寛解過程論であって、むしろ統合失調症にはいかにまともで健康な部分が多いかということを強調していた点で、そうした流れとは一線を画していたと思います。病理性への言及としては「微分回路モデル」[5]などもありますが、そうした異常性を指摘しつつもそれは『分裂病と人類』にもあるように、人類史においては狩猟社会のように役立つこともあるのだという仕方で回収していますから、結局、統合失調症は特別な疾患ではないんだということをずっと言っていたわけですね。そこが「分裂病の精神病理」シリーズのその他の書き手たちとは距離のあったところではないでしょうか。安永さんについては恩師として尊敬していたようですが、ファントム空間論を評価しつつも、ご自身の論文で直接引用することはほぼなかったと思います。

東畑　診断よりもどちらかというと回復や治療のほうにコミットせざるをえない臨床心理の世界で中井久夫が人気なのも、まさにそれについて語っているからでしょうね。

エッセイというスタイル――臨床の知としての

3　木村は「他人とのあいだがうまく行かない」とか「間がもてない」という患者の訴えを「人と人との間」が病理的な状態に陥っていると解釈した。『自己・あいだ・時間――現象学的精神病理学』（ちくま学芸文庫、二〇〇六年）を参照。

4　安永は、経験上の空間図式（「ファントム空間」）と実際の物理的距離のずれから生じる錯覚として統合失調症の症状を理解しようとした。『ファントム空間論――分裂病の論理学的精神病理』（金剛出版、一九九二年［オンデマンド版、二〇一四年］）を参照。

5　中井は『分裂病と人類』（東京大学出版会、一九八二年［新版、二〇一三年］）において、未来の兆候に敏感な「分裂病親和者」の特性を「入力の時間的変動部分のみを検出し未来の傾向予測に用いられる」微分回路になぞらえて記述した。

斎藤　中井さんは身体というものについてとても精緻に語る人でしたね。『徴候・記憶・外傷』（みすず書房、二〇〇四年）では鷲田清一さんとも身体論をめぐって対談していましたが、臨床家でベクトルが近い人としては神田橋條治さんがいます。中井・神田橋は二人そろってファンという方も多いと思います。

東畑　医療人類学者の北中淳子さんが神田橋臨床を東洋医学の伝統に位置づけ、それを非デカルト的な心身観を体現するものと捉えた論文[6]を書かれているのですが、中井久夫の身体への感性もそうした東洋医学的な伝統のうちにあると考えられるでしょうか。

斎藤　それはあると思います。神戸大学医学部にいた頃に彼は中国からの留学生を受け入れていて、そのとき中医学の伝統をかなり学んだようですね。もともと中井さんは診察の際に必ず患者の脈をとっていたのですが、それ以降はそこに舌診も追加しています。

　ただ、それらはあくまでも治療関係を良くしていくための配慮だったのではないかという気もしていて、中井さんは描画にしても脈診にしても、非言語的な手段を媒介にした治療関係を重視してきた人ですから。そこが神田橋さんの、いわば〝本気〟の身体性とは少し違うところかもしれません。中井さんは神田橋さんのことを語る際、必ず自分は凡人であの人は天才だという言い方をしていましたから、中井さん自身としても神田橋さんをいろいろな意味で異質なすごい人と認識していたのだろうと思います。

東畑　神田橋さんの病者への観察や、ひきこもりの方への現象学的な配慮などにはハッとさせられるところも多い一方、僕は基本的にデカルト主義者なので、彼の身体の理論やそれに基づく療法――いろいろな体操やOリングテストなど――には、正直なところあまりピンとこないんですが、中井久夫の身体についての語りは少し違っていて、なんというか〝世俗的〟ですよね。

斎藤　おっしゃるとおり、中井さんには神田橋さん的なオカルト風味は乏しいですね。昼寝をするなら正午から午後三時までのあいだがいいとか、一二分は人を待たせてもいいが一五分はダメだとか、彼には身体性に依拠した箴言が数多くありますが、どれも自分で試せるところがいい。根拠があるのかわからないけれど実際にやってみるとたしかにそうだなと思ったりもして、そういう接近のしやすさがありますね。

東畑　僕が最も印象に残っているのは「微視的群れ論」（『世界における索引と徴候（中井久夫集3）』みすず書房、二〇一七年ほか所収）にある、足の裏のウオノメを取って歯を治したら症状がよくなったという話で、あれも中井久夫が言うと「さもありなん」と思わせる不

6　北中淳子「「東洋的」精神療法の医療人類学――神田橋臨床のエスノグラフィー試論」『こころと文化』第一七巻第二号、二〇一八年、一〇七－一一五頁。

思議な説得力がある。

斎藤　中井さんはハリー・スタック・サリヴァンのセルフシステム論[7]を繰り返し引用するなど、広義のシステム論者でしたから、ウオノメと歯の治療が心身システムのバランスを回復させた、といった発想だったのかもしれません。もっとも一時期は「丸山ワクチン」[8]を絶賛して「エビデンスのないものを薦めてはまずいだろう」という批判を受けるなど、ときどき踏み外すことはあったようですが、ただおおむね危ういほうには陥らない範囲に留まっていたと思います。

東畑　経験主義なんですよね。例えば脈をとっていると患者さんと自分の脈が合ってくるとも書いていたと思います。それ自体はそういうこともあればそうじゃないこともあるだろうと思うのですが、そのように自分が体験したことについて省察を加えていくのが中井久夫のスタイルなんですよね。それって要するにエッセイ的な知性なんだと思うんです。臨床家が知を生み出すとき、エビデンスに基づいてきちんとサイエンティフィックに検証するのも一つの方法でしょう。あるいはフロイトのように理論体系をつくりだす人もいます。しかしまた別の伝統として、自分の体験を省察していくという流れもある。中井久夫のほかにも強迫性障害の治療で知られる精神科医の成田善弘さんなど、経験知を独自の角度から語る臨床家は世代ごとに現れてきた伝統がある気がします。

斎藤　これは東畑さんもおっしゃっていたと思いますし、アンリ・エランベルジェも言っていますが、心理学や精神医学の歴史というのは素人性と専門性のせめぎ合いのようなところがあるわけです。つまり一方では中井さんが『治療文化論』でいうところの「標準化指向型・近代医学型精神医学（standardized branch-of-modern-medicine-oriented psychiatry : SMOP）」――いわゆるＤＳＭ[9]的なものがあり、もう一方には個別性を追究する力動精神医学[10]があると。どちらを取るかは非常に悩ましいところで、ＤＳＭ的なものを取れば精神分析の遺産は消えてしまうし、後者を取れば共通言語を失ってしまう葛藤があるのですが、中井さんはその中間をエッセイのスタイルでうまく切り抜けていった印象があります

7　サリヴァンは自己を、不安や不快な体験を排除しながら、作動を通じて境界を生み出していくようなシステムとして捉えた。例えば『精神医学は対人関係論である』（中井久夫ほか訳、みすず書房、一九九九年［新装版、二〇一五年］）を参照。

8　丸山ワクチンは、医薬品としては一九八一年に不認可になったが、がんの有償治験薬として現在も使用されている。中井が『みすず』二〇〇八年三月号に発表したエッセイ「ＳＳＭ、通称丸山ワクチンについての私見」は、『毎日新聞』の書評欄で取り上げられ、大きな反響を呼んだ。

9　「精神障害の診断と統計マニュアル（Diagnostic and Statistical Manual of Mental Disorders）」の略称。米国精神医学会が発行する精神疾患の分類と診断の手引き書。

10　精神現象を生物・心理・社会的な諸力による因果関係の結果と捉えようとする方法論に基づいた精神医学。狭義には、精神分析的精神医学を指す。

ね。限りなく個別的な経験に基づく〝私精神医学〟でありながら、そこに多くの精神科医がある種の普遍性を見出したからこそ、これだけ党派性を越えたファンがいたのでしょう。

それからもう一つ、木村さんらとは違って中井さんは体系を一切志向しなかったですよね。そのことはご自身でもはっきりと意識されていて、だから自分はヘーゲルを読めなかったとも書かれていましたが、これも彼の流儀だと思います。一つの体系から演繹的にいろいろな知が生まれてくるのではなく、自分の臨床場面から得た血肉化された知識をもとに想像力をめぐらせていて、それが強烈な印象を残すんですね。このような、体系を求めるのではない中井さんの知のスタイルを私は以前「箴言知」と呼んだことがあります。東畑さんの言葉を借りれば「エッセイの知」とも呼べるかもしれない。体系とかシステムとは別種の精度と粒度で現実に切り込んでいき、個と普遍を媒介する場所なり時間なりを浮かび上がらせてくれるような。

東畑　省察というのは、いわば〝ツッコミ〟的なところがありますよね。例えば『治療文化論』にある「普遍症候群」「文化依存症候群」「個人症候群」という分類[11]も体系というより「この補助線を使ってみると風景が違って見えるよ」というタイプの知で、一種のツッコミとして臨床に活力をもたらしてくれる。その一方で、中井久夫の著作集を一から通して読んでみようというふうにはあまりならないんです。というのは、そもそも臨床というのがそういう断片的なものの積み重ねであって、体系的な臨床などないからかもしれません。そのときどきでツッコミを入れる――それがつまり介入であったり、洞察ですね――ことで違う風景が見えるのだけど、一度それが見えたからといってそのまま終わりまでいけるわけではなく、その繰り返しのなかで人が変わっていくのを支えていく。それが臨床だと思うので、その意味で箴言知というのは本当にそのとおりだなと。

臨床から発信しうる知のありようとして、同じ臨床家のあいだだけでなく一般の人にまで広く知恵のようなものを提供できるスタイルがエッセイであるというのも非常に面白いですね。そういう知のスタイルというのはアカデミックなトレーニングにおいて学べるものではなく、先達の書くものを真似しながら身に付けていくしかないのですが、やはり臨床の知の最良の部分はそういうところにあるのではないかと思います。

斎藤 そういうスタイルはいまでも部分的には残っているものの、一九八〇年代あたりがピークだった気がします。好んで読む人はもちろん多いですが、そのような書き方をする人は減っている印象がありますね。

11 第一章の註10を参照。

ちなみに河合隼雄さんはどうでしょう。中井さん自身も著作のなかでよく河合さんの言葉を引用していましたが、とりわけ好んで引いていたのは治療をもつれた糸をほどくことに喩えた文章で、こうした箴言的なスタイルは中井さんと共通していた気がしますが。

東畑 そうですね。ただ両者に違いがあるとすれば、河合隼雄というのはやはり〃物語〃の人なんですよ。昔話にしても神話にしても、あるいは彼が描く事例にしても、その白眉は物語的な面白さにあります。これに対して中井久夫のエッセイに書かれているのは物語というよりも〃風景〃というか、もっとミクロな観察という感じがします。

斎藤 たしかにドラマティックなシーン自体は結構出てくるけれどストーリーの追求はあまりしない。どちらかというと断片や横断面を見せる感覚で、それはエッセイ的にしか出せないものなのかもしれません。エッセイもあまり起承転結にはこだわらなかった。そういえば精神科医のなかにはたまに小説を書く人がいますが、中井さんは書かなかったですね。たしかどこかで「自分には小説は書けない」と記していた。詩は弟子のための祝婚歌を書いていましたがほとんどは翻訳ですね。

東畑 そこも箴言知的なスタイルと関係している気がします。物語ではなく、スポットライト的に風景を写しとるような感覚というか。地理学的な想像力もすごくありますよね。例えば『西欧精神医学背景史』の、力動系の精神科医の出身地が共通して森と平野の接点であるという話に僕は異常な説得力を感じたのですが、そのように、ある風景のなかで心がかたちづくられていくという思考法を中井久夫は持っていたように思います。

斎藤　天理教の教祖・中山みきについても、奈良盆地という地理的な特性が彼女の心性をもたらしたと論じていましたね。

東畑　歴史よりも地理の人という印象があります。それでいうとＤＳＭ的なものには要するに風景がないと言えるかもしれません。白衣と白い部屋だけがある感じ。建物のなかの精神医学ですね。中井久夫の場合は風景のような外部と相互作用しながら心がかたちづくられていくという発想力がある。

斎藤　もちろん歴史にもすごく造詣が深い方ではあって、過去のさまざまな歴史的な事象に学びつつ戦争がいかに終わりうるかを検証した「戦争と平和についての観察」（のちに「戦争と平和　ある観察」と改題。『日本社会における外傷性ストレス（中井久夫集９）』みすず書房、二〇一九年ほか所収）や、昭和天皇について病跡学的に論じた「「昭和」を送る――ひととしての昭和天皇」（前掲『中井久夫集３』ほか所収）という名エッセイなどもあるのですが、そこには際立ったストーリーが出てこないんですよね。歴史的な視点があるにもかかわらず物語性が希薄であるというのは非常に興味深いと思います。一つの推測ですが、やはり中井さんは「物語」よりも「過程」のほうに興味があったのではないでしょうか。歴史にしても、例えば戦争なら戦争を、政治家や軍人が活躍するような物語としてではなく、脱人格的な「過程」として記述するようなところがあります。この「物語（ナラティブ）」と「過程（プロセス）」の差異や関係は、精神療法的にも追求してみる価値のあるテーマかもしれません。

東畑　こうした中井久夫型の知性としてはほかにどのような人がいるでしょうね。

斎藤　臨床家ではやはり神田橋さんが最も近いと思います。彼も体系志向がないですし、断片的な箴言が心に残る一方で、まとまったストーリーは紡がれない。神田橋さんは精神分析に対してアンビバレントな思いを抱えてきた方で、どう距離を取ろうかと迷い葛藤していた時期の文章が最も面白いのですが、それもあってあまり物語的な発想をしないところがあり、そういうところも中井さんと近い気がします。

東畑　臨床以外の哲学や思想の領域ではいませんか。やはり臨床の知なのでしょうか。

斎藤　臨床の知だと思います。あのようなスタイルの書き手は日本でもあまり見たことがないですし、海外にはなおのこと例がないですね。エッセイ的な知のスタイルということなら、ベンヤミンやオルテガの名前が挙がるでしょうが、「臨床の知」とは言えないでしょうし。臨床家にしても思想家にしても、依拠すべき知識体系なしに文章を書くことはほぼありえないんじゃないでしょうか。体系から演繹するか帰納するか、その方向性はさまざまですが。中井さんはもともとヨーロッパの知識人スタイルに強い憧れがあって、向こうの青年たちがラテン語を学ぶなら自分も学んでやろうという具合に張り合っていたふしもあるのですが、できあがった知性のかたちは海外にもあまり見られないタイプだったという。もちろん中井さん自身、学説のドグマ化や個人崇拝をひどく嫌悪していて、意図して体系を遠ざけたということはあったようです。こうした発想自体が欧米型の知識人には乏しいという「偏見」が私にはあります。文体としては一時期の関川夏央さんがなぜか非常に似ていたように思いますが、関川さんが中井ファンだったかどうかはわかりません。ただ中井さん本人は阿川弘之の文体を範としていたようですし、精神科医の笠原嘉《よみし》さんの文章を「日本一ですね」と評価していたとも聞きます。お二人とも、それほど似ているとは感じませんが、論理性とか簡潔さが気に入っていたのかもしれません。

文化への信頼、歓待の精神

東畑 実はいま書いている論文[12]で中井久夫の真似をしているところがあって、それは何かというと、段落と段落のあいだにときどき本文よりも少し小さな字のパートを挟んでいくあのスタイルなんです。例えば『治療文化論』などはそれが特に著しいですが、豆知識のように見せかけて、むしろそちらで本気の論を展開しているところもあって、あんな書き方は考えてみるとほかにあまりないですよね。

斎藤　たしか『治療文化論』は岩波の編集者に缶詰めにされて急き立てられながら、四五分書いては一五分坐位で眠るというようなペースでほとんど寝ずに書いたそうです。書き進めるうちにだんだんとテンションも上がっていき、そばにいた人が次々に紙を継ぎ足していかなくてはならなかったという逸話もあるくらい異常な状態で書かれていて、だからまとまりもないですし、思いつきがポンポン飛んでいく感じがある。

東畑　自由連想的なんですよね。

斎藤　徹底して自由連想的ですね。あの書き方は統合失調症の発症スタイルを真似たのではないかと、私は密かに思っているんです。中井さんの理解によると、脳に梗塞などの異常があって起こる病気の場合、粗大な異常が粗大な症状を起こすというふうに比例的な関係がある。ところが統合失調症の場合、非常にミクロな異常がシステム論的に広がっていって膨大な症状が生じてしまうと。それは見方を変えれば創造性にブーストがかかるような過程と読み替えられるところもあるので、そこに対する一種の憧れもあったのではないでしょうか。

ちなみに中井さんは『治療文化論』のなかで少なくとも二ヶ所、ご自身のことを書いています。一つは「過去に読んだ本の内容が背表紙を見ただけで」思い出されてしまう「超限記憶（ハイパームネジア）」という現象に耐えられず「本の背をすべて引っくり返して小口に見えるようにした」という人の話で（岩波現代文庫版、六一―二頁）、そこでは「知己」の事例と書かれていますが、明らかに中井さん自身のことですね。有名なエピソードです。もう一つは前思春期からの仲間関係が「治療集団」の役割を果たした事例を紹介した箇所で、最後に「もっとも不安定で多少はブリリアントかも知れないが大いにクレージーであるとみられてきたメンバーが精神科医となったそうである」（同前、八七頁）とあることからも察せられるように、これもご自身のことでしょう。そのようなかたちで少しずつ自己開示もしていました。

東畑　いまの「治療集団」の話もそうですが、人と人とが〃ふつう〃に頼ったり頼られたりしていることの価値を中井久夫はずっと書いてきた気がするんです。アーサー・クラインマンがいう「民間セクター」ですよね。専門職セクターや民俗セクターなどの専門家たちの治療があるなかで、メンタルヘルスケアの八割は友人や親子といったふつうのつなが

12　当初は論文集に掲載される予定だったが、分量が膨らんだため『ふつうの相談』（金剛出版、二〇二三年）として書籍化された。第四章を参照。

りにおいてなされているのだとクラインマンは言うわけですが、まさに中井久夫は一貫してそういうことを考えていた人で、そこがいいなあと。

それで、先ほど言った執筆中の論文では『治療文化論』の「何でも話せる友人が一人いるかいないかが、実際上、精神病発病時においてその人の予後を決定するといってよいくらいだと、私はかねがね思っている」（同前、一三三頁）という一節をエピグラフに挙げて、タイトルを「ふつうの相談」としました。どういうことかというと、僕はもちろんインテンシヴなサイコセラピーも行っているのですが、半分以上のケースはもうちょっと日常的な相談のスタイルなんです。常識的な文化や社会のなかで人に困りごとを聞いてもらったりアドバイスをしてもらったりする、そういうものとカウンセリングの専門知とがふつうの相談ではブリコラージュ的に混淆している。中井久夫の先に挙げたエピグラフは歳をとるごとに「本当にそうだよな」と思いますね。心理療法というのは面接室のなかで何かを達成するものだと若い頃は考えていましたが、むしろその外でのさまざまなつながりが生まれていき、それに支えられて人が変化していくことがだんだんわかってくるということか。

斎藤　同感です。臨床心理もそうかもしれませんし精神医学はモロにそうなのですが、カルテに家族歴を書く欄はあっても友人歴などはまったく無視されているんですね。本当は最も大事なところだと思うので、そこがほとんど度外視されているのはすごく違和感がある。例えば思春期以降は家族以外の人間関係の比重がぐっと大きくなるわけですが、ひきこもりが深刻なのはそうした人間関係がゼロになってしまうことで、それがいかにハームフルであるかはもう何年も見てきていますからわかります。ただ、だからといって単純に「では友達をつくりましょう」で済む話ではないので難しいのですが……このあたりの重要性はたしかにあの当時だと中井さんくらいしか言っていませんね。

東畑　そこも中井久夫が回復に焦点づけていたことと関係しているように思います。家族というのは支えるところもあるけれど傷つけるところもあって、そうした家庭内の傷つきから学校での友人関係を通じて回復していくのは発達の一つのステップです。中井久夫が翻訳したサリヴァンのチャムシップ概念の力点もそこにあります。にもかかわらず家族歴だけを見るというのは、やはり病理の側ばかり見てしまう傾向とつながっているのかもしれません。

斎藤　おっしゃるとおりだと思います。特に力動精神医学的な伝統では両親の影響が決定的であるという発想が強くて、その後の人間関係についての記載が弱いのは残念なことですね。それに対してずっと回復過程に注目してきたのが中井さんであり、彼の『治療文化論』における最大の発明である「個人症候群」概念についても、その提示の仕方はあくまでも回復と結びつけるものでした。彼は個人症候群を「創造の病い」であると述べていて、そこで挙げられるのは中山みきとか、妖精を見る女子大生、あるいは先ほどふれた自分自身のケースなど、いずれも勝手に回復したり、あるいは教祖になることで適応してしまったりといった事例です。

東畑　中山みきについては夫の存在が決定的だったと書いてありましたよね。彼女が神懸って「天理王命」としてしか語らなくなり、家族に自分を礼拝せよと命じたとき、最初に彼女に手を合わせたのが夫だったというので「この人のやさしさを私は感じる」と中井久夫は書いているのですが（同前、四七頁）、先ほどの思春期からの仲間関係のエピソードなども要するに「やさしさ」の話だったと思うんです。不調を医学的に病理化せず、やさしさのなかでなんとか収めていくような、そういう民間セクター的なものを個人症候群として論じていたのではないでしょうか。

斎藤　妖精を見る女子大生のように精神科に行けば統合失調症と診断されて服薬させられる、あるいはひょっとしたら入院になっていたかもしれないケースについても、そこに「心のうぶ毛」を感じとってそっと見守っているうち勝手に回復していったというストーリーを紹介する。それによって、精神科医のなかにパターンとして生じてくる「幻覚＝統合失調症」のような衝動的な診断欲を抑制する効能が、個人症候群という概念にはあると思います。

東畑　そこは僕が最も関心のあるところで、つまり医療化の問題ですね。医療化して病気として扱うのも一つの対処の仕方ではあるけれど、それと異なる仕方でメンタルヘルスの不調をマネジメントする力が私たちの文化や社会のなかにはたくさんある。なんらかの診断をつけることはせず、それこそ「創造の病い」とか、あるいは「イニシエーション」と捉えるのも個人症候群だと思いますが、そういう発想こそ僕が中井久夫の著作から受け取った最も大きなものだった気がします。心の治療を行ううえで人文学を学ぶことが有効だといえるのも、そのように文化のなかで病をマネジメントする力を人文学が明らかにしてきたからです。

斎藤　中井さんはクラインマンのように土着の人でなければ癒せないとまでは言わないにせよ、文化の治癒する力に対する信頼はとても篤かったですね。ときには自分自身が土着の人のような立場になって癒すこともあったでしょうし、そこは中井さんの詩人としての感性なども通底していたのではないかと思います。

東畑　そのような文化的感受性というのはどこからくるんでしょうね。

斎藤　追悼文にも書いたのですが、中井久夫は「歓待の人」だったと思うんです。歓待というのはつまり対象と否応なしに相互浸透してしまうということで、相手からの影響で自分自身も変わってしまう。寛容のように、ただ対象を包摂するという姿勢とは異なるわけです。先ほどの脈拍同期の話もそうですし、サリヴァンの講演録を翻訳したときは講演会場を思い浮かべて実際に喋りながら訳していき、訳し終えたときには自分の文体が変わっていたといいます。ほかにも、重篤な患者さんを診て疲弊してしまい、ひどく身体に違和を感じたので指圧をしてもらったら施術した指圧師が病気になってしまったという話もあります（「精神病水準の患者治療の際にこうむること――ありうる反作用とその馴致」『「伝える」ことと「伝わる」こと』ちくま学芸文庫、二〇一二年ほか所収）。自ら病を媒介するほど、相互に影響を受けやすいところがあったのかもしれません。単に〝感受性〟というだけには収まらないヴァルネラビリティというか、そのように対象物と相互浸透してしまう独特のスタイルが、いろいろな方向にひげ根を伸ばしていったイメージです。

ただしこのことは中井さんが健康を害した原因の一部でもあった気がしていて、つまり患者さんの影響を受けすぎてしまったのではないかと思うんですね。先ほど「満身創痍」と述べたのはそういう意味でもあります。二〇〇九年にお会いした際には「私の脳はもうスカスカです」とおっしゃっていましたが、微小な脳梗塞を何度も繰り返されていて、脳のダメージはかなり大きかったようです。その原因がいま言ったようなヴァルネラビリティにあるというのはあまり科学的な言説ではないとはいえ、いずれにしてもそうした非常に厳しい体験を代償としてこそ、あれだけの知性と素晴らしい文章があったとすれば、とても安易に真似することはできないし、すべきでもないと思います。

東畑　『まんが　やってみたくなるオープンダイアローグ』（まんが＝水谷緑、解説＝斎藤環、医学書院、二〇二一年）に描かれていた斎藤さんの初期の臨床経験の話を読むと、斎藤さんもまさに似たタイプなのではないかと思ってしまいますが……。

斎藤　たしかにある時期までは患者にサービスしすぎて疲弊してしまうということの繰り返しで、途中から間違った中立性を選択してポーカーフェイスの「斎藤ロボ」のようになってしまうということがありました。ですから臨床家としてはいかに自分をプロテクトしつつ、しかし以前のようにポーカーフェイス的なスタイルにもならないように、どう関わっていくかという匙加減はいまでも迷っているところです。神田橋さんなんかは表情豊かに演じたほうがいいと言いますが、それはそれで見抜かれそうな気もするし、なかなか難しいですね。

その点でオープンダイアローグ（以下、ＯＤ）は治療チームなのでダメージを分散できるというのはすごく大きいですね。かなりヘビーな話を聞いてもそれほど疲れない。それが良いか悪いかはわかりませんが、とりあえず成果が挙がっていればいいと思っています。

東畑　僕自身は巻き込まれるのもそれほど悪いことだとは思っていないんです。やはりそうならないと心は交わらないですからね。そのうえで、巻き込まれて壊れたり、壊したりするのではなく、巻き込まれていること自体について考えられるようになり、回復していくことこそが治療的です。そしてそのために、専門知（例えばフロイトの転移概念）というのは存在していると思います。ですからもちろん巻き込まれたら回復する必要があるのは事実なのですが、まったく巻き込まれないのもどうなのかなと。

斎藤　もちろん巻き込まれて傷つくべきです。巻き込まれ、振り回され、罵られて苦労した経験のない治療者は信用できない。そこから自分なりの防衛方法を学んでいくことで一人前になると私はいまでも思っています。

ケアの思想・周縁への関心・バランス感覚

東畑　ちなみに〝斎藤環が選ぶ中井久夫ベスト〟はどの本になりますか。

斎藤　それはなんといっても『治療文化論』ですね。もちろん『分裂病と人類』や『西欧精神医学背景史』もいいですし、個々に好きな論文やエッセイはたくさんありますが、どれか一冊と言われれば迷うことなく『治療文化論』と答えます。あれは名著というよりもはや奇書ですが（笑）、先ほどもふれたように自己開示が興味深いというのもありますし、直接的にではないにせよさまざまな治療的ヒントをもらえる本だと思います。

東畑　斎藤さんも『治療文化論』なんですね。僕もそうです。

斎藤　東畑さんは『野の医者は笑う――心の治療とは何か？』（誠信書房、二〇一五年［文春文庫、二〇二三年］）など、ご自身でもいろいろなかたちで治療文化的なものに関心を持って著書や論文を書かれていると思いますが、そうした関心はもともとどういうところからきたのでしょうか。

東畑　これはおそらくユングからの伝統だと思います。フロイトと絶縁したあと彼が最初に出したのが『タイプ論』という本で、これはアドラーとフロイトがなぜ同じ心理学者なのに違う道に行ってしまうのかという問いが背景にあるんです。心理学の理論自体がそもそもパーソナリティに規定されたもので、絶対的な真実を語るものではないというのがユングの出発点になっている。そういう〝比較心理療法論〟的な発想を引き継いだのが、河合隼雄です。彼が日本の心理療法について考えるときには、文化が治療を枠づけているという発想があって、これは人類学的な思考だと思うんです。あとはピエール・ジャネも比較心理療法論でシャーマンと催眠を比べるなどしていますし、エランベルジェは歴史を描くことで浩瀚な比較心理療法論を仕上げました。僕はそういうものが一貫して好きなんですね。そのなかで中井久夫も読んできたという感じです。いまある治療をメタ的に俯瞰して相対化しようという試みは決して分野全体としてはマジョリティにはならないけれど、この領域には先輩たちが連綿といるのだと思います。

斎藤　一方で、そのように俯瞰したせいで一つの技法にのめり込めないということもおっしゃっていた気がしますが、そのあたりはどう対処していますか。

東畑　『野の医者は笑う』を書いてから、ある学派に同一化し、コミットしてそのインテンシヴな訓練を受けるという道が、もはや僕のなかになくなったんですよね。心理学的な真理がどこかにあるという期待感が消えて、社会とか経済とかが心を規定していくという発想になってしまったので。それは後ろめたさもあったのですが、カウンセリングを生業にして毎日臨床をしていると、それはそれでなんらかの学派にコミットしなくてもいろいろなものがブリコラージュされて自分のスタイルはできてくるわけです。同じことをやり続けるわけですから。僕より少し上の世代は純金ではないことに罪悪感を持つ人も特に力動系では多かったですが、僕の場合はまさに中井さんの『治療文化論』のおかげもあって、純正の学派でなく、ブリコラージュしたもののほうがむしろ〝本物〟じゃないか――別に向こうが偽物だというつもりはないですが――と開き直るようになりました。先ほど言った「ふつうの相談」がまさにそうで、結局人と人とが出会って話をするという人類学的な営みとして心理療法を語り直す必要があると思うようになりました。

斎藤　中井久夫も特定の学派に属することなく、独自の工夫でやっていた部分が多分にありますよね。これと似たスタイルの臨床家に笠原嘉さんがいます。彼は「小精神療法」を提唱した人で、外来診療の短い時間でどこまで精神療法的にアプローチできるかについて多く論じていますが、こうしたスタイルというのは突き詰めていくと治療よりも〝ケア〟に近づいていくと思うんです。つまり統合失調症に限らず、うつ病であれＰＴＳＤであれ、何かしら病んだ人にはだいたい通用するような、疾患特異性の低いタイプのケアに寄っていくところがある。中井さんは精神医学の教科書は書きませんでしたが看護の教科書は書いていますし（『看護のための精神医学』山口直彦との共著、医学書院、二〇〇一年［第二版、二〇〇四年］）、基本的にはケアの人であり、そのケアを臨床の視点から繊細に高度化していこうという思想が一貫してあったように思います。

東畑　笠原さんの小精神療法は、僕からするとまさにふつうの相談なんです。あるいは村瀬嘉代子さんの言う「統合的心理療法」[13]もそうです。この領域は、人によっていろいろ

13　例えば『統合的心理療法の考え方——心理療法の基礎となるもの』（金剛出版、二〇〇三年［オンデマンド版、二〇一四年］）を参照。

な名前はついていますが、結局のところどれも素人性と専門家性のはざまの話をされている。そしてそこには、クライエントや患者の周りにあるケア資源を増やしていこうというソーシャルワークの発想があると思うんですね。それって、結局ふつうのつながりの重要性への認識ですね。そうしたいくつかのケア資源のなかにある同等の一つとして自分の臨床も捉え返しているのが、おそらく笠原さんや村瀬さんの伝統で、その軸にあるのは「心がどこで癒されるのか」ということについての、素人性への信頼なのだと思います。そもそもケア論というのは、基本的に専門家性に対する反発としてありますよね。セラピーよりもむしろ食事とか、そういう素人的なものが心を支えているのだという方向性がメンタルヘルスケアの巨大な潮流になっている気がしますね。ですから、ふつうの相談というのは、専門家性と素人性がないまぜになっているもので、斎藤さんのODも、ある意味で〝ふつうの相談〟化していくというか、フルセットでそのままやるのではなく土着化していくという発想でしたよね。

斎藤　土着をブリコラージュ的に生かしている感覚はすごくありますね。専門性は括弧に入れて素の状態で向き合いましょうというのがルールですから、まさに素人性を大切にする手法といっていいと思います。中井さんの本には対話実践に応用できる言葉がたくさんありますが、OD自体もケアの手法なので、響き合うのは当然なのかもしれません。中井さんが訳されたサリヴァンもODに通じるようなアイディアをたくさん出しているので、改めて読み直してみようかなと思っています。

東畑　サリヴァンの名前が出たので中井久夫の訳業についてもお話ししたいのですが、僕は彼の訳した精神分析系の本を結構読んできました。サリヴァンはもちろんですし、あとはマイクル・バリントの翻訳も好きですね。チョイスがいいなと。翻訳というのは自分の口からはとても言えないことを代わりに言ってもらうためにするところがあると思っていて、だから何を翻訳するかの選択も重要な気がします。

斎藤　サリヴァンの場合、もともとは日大の井村恒郎《つねろう》教授に依頼されて始まったんですね。当時みすず書房からサリヴァンの翻訳を出すという計画があって、中井さんの英語の能力を見込んだ井村教授に強く懇願されて翻訳チームをつくり、訳し始めたら止められなくなってしまったようで、半ばなりゆきだった。それでも結果として文体が変わるくらい影響を受けたわけですから、運命的な出会いだったのでしょう。

やはり中井さんは中心的な存在よりも周縁にいる人――マージナルマンに対する興味が非常に強い方で、サリヴァンも一定の人気はありますがそれほど王道を行った人ではないと思いますし、ロナルド・D・レインにも親和性が高かったですね。ご自身では訳されていませんが『レイン　わが半生――精神医学への道』（中村保夫訳、岩波現代文庫、二〇〇二年）に解説を書かれています。私も『精神医学の名著50』（福本修・斎藤環編、平凡社、二〇〇三年）で中井さんにレインを担当してもらいました。そのときは「また私？」みたいに言われた覚えがあって、ほうぼうから頼まれて食傷気味だったようですが、レインのスタイルに親近感を覚えていたのはたしかだと思います。

東畑　サリヴァンやレインもそうですし、バリントも力動精神医学において周縁系の人ですよね。中井さん自身もDSM的なものに対する反発から『治療文化論』などを書かれたのだと思いますが、そうした翻訳や著作を通じて中井久夫は一体何と戦っていたのだと斎藤さんは考えられますか。

斎藤　たしかに大きな枠組みとしてまず、DSM的な標準化された精神医学に対する反発があったことは間違いないだろうと思います。ただ興味深いことに、そこから一気に反精神医学のほうに行くことはなかったんですね。薬物に関しても、あまり積極的な使用は推奨しないまでも、ご自身の治療には不可欠なものと位置づけられていましたし、精神分析的なものについてもフロイトはしばしば引用していますから決して反発だけではなかったと思います。閉鎖病棟や収容主義などに対する批判も実は意外なほど書かれてはいません。もちろん、それに対してある種の苦々しい思いを持っていたからこそ、せめて環境を良くしようということで神戸大学医学部附属病院の精神科第二病棟（清明寮）の設計などもしているわけですね。ですから正面切っての批判はしないものの、軌跡を追っていくと何に反発し何を批判しようとしていたのかはうっすら見えてくるということだと思います。好ましくない相手と正面から対立することは避けつつも、まさに「これ見て悟れ」という姿勢を貫いていた。

医局制度に対しては例外的に正面から怒りをぶつけていて、二〇代の頃に「楡林達夫」名義で書かれた「日本の医者」（『日本の医者』日本評論社、二〇一〇年所収）はかなり激烈な文章ですが、ただしそれも、いわゆる新左翼的な批判ではないですね。政治的にも過激なことはなるべく言わないということをおそらくどこかで決意していて、自己を律していたふしがあります。例えば先ほどふれた「「昭和」を送る」という昭和天皇論はもともと『文化会議』という保守系の雑誌に載せたものですが、反天皇でも天皇擁護でもない非常に複雑な味わいを持っていますね。両論併記ではないですが、単純な反発に見せないようかなり意識していたと思います。

東畑　それは臨床をやっていると、そうなっていくのかもしれません。政治的にもさまざまな立場の人が関係なくやってきて、話を聞くのが僕らの仕事です。ある人にとっては反対のものも、別の立場の人にとっては切実な生業だったりします。それに問題のある現実や社会が変わったほうがいいとは思うけれど、変わるまで待ってはいられないし、変わらないなかでやっていかなくてはいけないという宿命のようなものが臨床にはあります。そういう意味でも中井久夫の本はすごく〝臨床的〟だと思う。極端なことを言い始めると臨床から離れていってしまう。この〝臨床的〟という言葉はあまり分野外の人には伝わりにくいかもしれませんが、僕は神秘化したいのではなく、単純に「明日面接するやる気が湧いてくる」という話なんですよね。あるいは自分の体験を思い出して「ああ、あれはこういうことだったんだ」と違った視点を得られるとか、そういうことをみんな〝臨床的〟と言っているのではないでしょうか。

斎藤　そのあたりのバランス感覚というか自制心は常にあったと思います。ただしプライベートで門下生と話しているときはまた別で、かなり厳しい言い方をされることもあったようですから、やはり聖人扱いや神格化はよろしくなかろうと思います。

中井さんに関しては絶賛一辺倒の方も多いですしその気持ちもわかるのですが、例えばサリヴァンやヴァレリーの翻訳に関してはかなり誤訳も指摘されていますね。それから中井さんは先ほどの背表紙の話のようになんでも覚えてしまう、ふつうは子供時代にしかない直観像がずっとあったというくらいの〝記憶の人〟で、本を書くときもあまり資料を見ないものだから実は結構間違いも多いんです。例えば中井さんは浄土真宗の盛んな地域には狐憑きが著しく少ないと言っているのですが（『治療文化論』岩波現代文庫版、一八七頁）、本当かなと思って調べてみると浄土真宗が最も支配的な広島県にもちゃんと憑き物はあって、それは「ゲドウ」といってイタチのような動物が憑くらしいことがわかりました。ただそのゲドウという言葉の由来は「仏教を信じない者」という意味のようで、その点では中井さんの指摘にも関わる、なかなか面白い結果になったなと。ですからすべてを鵜呑みにはできないにせよ、そこからいろいろ発展するものはあるという印象ですね。

東畑　おそらく具体的な情報そのものよりも、それについての思考法や視野が読む人の心を捉えて、次の臨床に活かそうという気にさせるのだと思います。

斎藤　一言で博識と言っても、おっしゃるとおり同じ情報が与えられたときにそこをどう結びつけて発展させるかという方向性が中井さんは非常に特異なので、そのプロセスに圧倒されてしまうところはありますね。

こうした中井さんの特性については、小学校当時のいじめ体験も関係しているのではないかと思っています。彼はその体験をそうとう長く引きずっていましたが、個人的な印象として、深刻なトラウマ的経験をした人には記憶力のいい人が多い気がするんです。いじめに限らず、中井さんには人生の多くの局面で、繰り返し深く傷ついてきた人という印象があります。例えば『現代思想』「総特集＝緊急復刊 imago　いじめ」（二〇一二年一二月臨時増刊号）掲載の談話「子ども時代の記憶から考える――私の家族、先生、友人たち」に、子供の頃に自分を罵った祖母を押し倒して雑巾を投げつけたその日に祖母が脳溢血で亡くなってしまったという話があります。これはかなり衝撃的で、自分は祖母を殺してしまったという後悔が中井さんにはずっとあったのではないでしょうか。それから中井さんはもともと京都大学の法学部にいて、結核で休学したのを機に医学部へ移ってまずウイルス学を専攻するのですが、そこで「破門」されて精神科医に転向したという複雑な経緯を辿っているんですね。そうした経験も彼の人格形成に影響している部分は大きいように思います。彼の歓待の精神やヴァルネラビリティはそうした経験から、つまり後天的に獲得されたものなのかもしれません。

東畑　先ほどふれたユングの指摘はやはり世の真実で、パーソナリティの特に弱いところを中心に専門的な知識が立ち上がってきて、それによって各々のやり方で人と関われるようになっていく。そうしたある種の回復のプロセスがおそらく〝専門家になる〟ということなのかなと思います。だから答えは人によってさまざまなんですよね。みんな違うスタイルを持っている。

斎藤　ただし——これは治療文化の負の側面なのかもしれませんが——日本の臨床では処方にまで個性を反映してしまうことが結構あって、あれは困った伝統だと思っています。要するに漢方のように、これとこれを組み合わせるとこんな効果が出るというふうに臨床家が思い込んでしまうわけです。なかには神田橋処方のように本当に効くものもあるとはいえ、あれはまずい方向への治療文化の発展形ですね。あとは日本の精神科医が精神科病院の院長になるとそこを一つの文化の牙城にしてしまいがちで、結果的に青森の青南病院[14]のようにアウトサイダーアートの拠点を生むこともあれば、悪いほうに傾くと宇都宮病院事件[15]のようなことが起こってしまう。このあたりは文化の功罪両面があると思います。

日本にもかつて多くあった座敷牢[16]なども、ある意味で〝負の治療文化〟というべきものですよね。そのあたりをどう扱うかも今後考えていく必要があると思います。アフリカから中東に残る陰核切除などについても、文化だから尊重すべきと考えるか、ある程度欧米的なスタンダートな視点で禁止のほうに向かうべきかで議論がありますが、明らかに尊厳や人権を侵害している治療文化をどう扱えばいいのか、何かお考えはありますか。

14　青南病院では初代院長の千葉元の方針で、薬物治療に頼らずに芸術療法や舞踏療法が行われていた。
15　一九八三年に起きた、報徳会宇都宮病院（石川文之進院長（当時））の看護職員が精神病棟の入院患者二人をリンチして死亡させた事件。精神病棟の閉鎖性により事件当時は明るみに出ず、翌年、関係者の証言が報道されたことで発覚した。
16　日本にはかつて、「精神病者監護法」（一九〇〇年制定）により私宅監置が合法化されていた時期があった。一九五〇年（沖縄は一九七二年）に同法は廃止された。

東畑　人権という思想は基本的に普遍的で脱文化的なので、たしかにローカルな文化的治療とは対立していくものだと思います。ただ、どちらに振れても極端になるとそれは暴力になってしまうんですよね。ですから結局は中井久夫的にバランスをとるというところに最後はどうしても落ち着いていかざるをえないのかなと。若い頃は〝バランスをとる〟なんてナメてるのか、と思っていましたが、世のなかそういうものというか、それぞれのバランスを見極めていくしかないのがリアルではないかと最近は考えるようになりましたね。

＊

斎藤　先ほども言ったように中井さんの仕事を褒めすぎるあまり「不世出の天才精神科医」みたいにして神棚に祀るようなことになってしまうことは避けたいですし、何より中井さん本人がそれを徹底して嫌っていたと思います。中井さんにも人間的な限界はあるわけですから、誤解やミスは遠慮なく指摘することで脱神話化を図りつつ、しかし彼の臨床姿勢については学ぶべきところをしっかり伝えていく必要があると思っています。というのも現在の若手の精神科医は中井久夫を知らない人も多いんですね。名前くらいは知っていても、実際に手に取って読む人は驚くほど減っている。

東畑　臨床心理でいうと、最近の若い人は河合隼雄も読んでいないですね。大学院まで行けばもちろん名前は知っていますが、学部生などはふつうにしていると出会わない。では何を読むのかというと、公認心理師の教科書やガイドラインといった、分担執筆で書かれるもっと官僚主義的なものです。もはや固有名で学ぶということ自体が時代遅れになっているのかもしれません。先ほども一九八〇年代的な知性のあり方、つまりエッセイ的・人文学的な知のスタイルが廃れつつあるという話がありましたが、そういうものをいまの若い人たちにとっていかに意味あるものとして勧めることができるのか。その現代性について、斎藤さんはどうお考えですか。

斎藤　単純に人の心の不思議さを知るという意味で役に立つとは思うのですが、ただ一九八〇年代から一九九〇年代は「自己とは何か」という問いがまだ切実だった最後の時代だった気もしていて、いまはそういうニーズが減ってきているのかなと。自分自身について知るために心理を学ぶとか精神科医になるという人は昔に比べてかなり減っていますよね。精神科にも、かつては文系崩れのような学生がたくさんいたものですが、いまは完全にバイオロジカルな関心が主流で、脳科学ブームに乗っかるかたちで入ってくる人も多い。ですから、そもそも土壌が違うというのは大きいでしょうね。もっとも現在の脳科学ブームはかつての心理学ブームの看板を掛け替えただけに見えてならないのですが、しかし心というもの自体に関心を持つモチベーションがそうとう低くなっているのはたしかだと思います。

もう一つは冒頭でも言ったように、統合失調症がかつてのポジションを失ったということも大きいですよね。いまであれば発達障害がそれに相当するのでしょうが、中井さんはほとんど言及していません。二〇一三年に中井さんが文化功労者に選ばれた際に、パーティーの席上で「いまなら自分は発達障害と診断されるだろう」とおっしゃっていたのが非常に印象的でした。しかし発達障害に関する文章はほとんど残されておらず、ほかにも話題になりそうな疾患に関する記述が少ないがゆえに、いまいち読者にアピールしにくい、ということは残念ながら言わざるをえません。

ですから再興ブームを仕掛けるとすればやはり中井久夫を〝古典〟として扱う方向が良いだろうということで、実は今度NHK（Eテレ）『100分 de 名著』の「中井久夫スペシャル」に出演するんです。[17]

東畑　そうなんですね！　どの本を取り上げるんですか。

斎藤　そこでは『分裂病と人類』『治療文化論』『最終講義——分裂病私見』（みすず書房、一九九八年）『「昭和」を送る』（みすず書房、二〇一三年）『戦争と平和　ある観察』（人文書院、二〇一五年〔増補新装版、二〇二二年〕）の五冊を取り上げる予定です。ただ惜しむらくは、中井さんは河合隼雄の『こころの処方箋』（新潮社、一九九二年〔新潮文庫、一九九八年〕）や、土居健郎の『「甘え」の構造』（弘文堂、一九七一年〔増補普及版、二〇〇七年〕）といったわかりやすいベストセラー、これぞ名刺代わりといった本があるわけではないんですね。中井さんも「自分にはどうもスター性がない」とおっしゃっていて、私は必ずしもそうは思いませんが、たしかにいわゆる著名人の放つオーラのようなものは乏しいかもしれない。

とはいえ彼がカリスマにならないのは、実は党派性を超えた人気があったことの裏返しでもあるんですね。つまり反精神医学の人もふつうに保守的な治療主義の人も、バイオロジーの人もみな中井さんが好きだったので、これでは原理主義になりようがない。私も熱心な中井ファンではありますが、中井原理主義者ではありません。そもそも体系もないので断片的には学べてもすべてを継承することは難しい――要するに一代限りの精神医学なので、変なカルトやカリスマが出てくるのを抑える力があったのは良いことだと思います。

17　二〇二二年一二月に全四回で放送された。

東畑　原理主義を脱臼させることでカルト化を解毒しているというか、そのあたりが中井久夫の現代性なのかもしれませんね。メンタルヘルスの知における原理主義の不可能性というのは、まさにいまの時代の基調にある気がします。

斎藤　精神医学ではまだ生物学原理主義が強いですが、もうかなり無理が来ている感じですね。やや強引にまとめるなら、現在は「中井久夫」という治療文化が、中井ファンという緩やかな共同体で共有されていて、そのなかでみながてんでに「俺の／私の中井久夫」について語り合っているという印象でしょうか。この「治療文化としての中井久夫」の継承については、今後の課題として考えていきたいと思っています。

第三章

臨床と物語

聞くこと、読むこと、書くこと

東畑　この度、斎藤さんの映画批評の集大成とも言える『映画のまなざし転移』（青土社、二〇二三年）が刊行されました。今日は、映画から発想を広げて「物語」をテーマにお話しできたらと考えています。小説や映画といった狭い意味での物語をどう読むかだけでなく、臨床にとって物語が持つ意味についても考えられればと思っています。

大枠の問題意識は次のようなものです。臨床心理学では一九九〇年代の河合隼雄の時代には物語にこそ治療的な力が宿ると語られていて、そこに精神医療との差異を見出そうとしていました。しかし、二〇〇〇年代以降、心の臨床において物語の地位は大きく低下していったように思います。そういうなかで、臨床的物語論の現在地とはどのようなものか、これが問いです。

とはいえ、最初に今回のご著書について伺えればと思います。この本は『キネマ旬報』の連載がもとになっていますが、批評というよりは、斎藤さんがありとあらゆる映画を観た、いい意味での〝感想〟集という印象を受けました。

斎藤　まあ、基本的には感想です。ただ、本の帯に「精神分析と映画は、なぜこんなにも相性が良いのか」とあるように、映画の構造分析をしようとはしているんですよ。同じ雑誌の連載に、川本三郎さんが「映画を見ればわかること」という連載をしていますが、こちらは非常に高踏的な感想で、取り上げる作品も被りがちです。ですので差異化する意味でも、私は「感想も書くけれど、分析もします」というスタンスで書いています。

東畑　斎藤さんのすごいところは、異常に褒め上手なところです。評論を読むと「この映画はすごいんじゃないか」「この映画、観たくなる」と思っちゃうんです。それはつまり、映画に対して否定せず、エンパワーしているということです。構造分析を通じて析出したプロットが提示されて、物語の味わい方が、少なくともその可能性が示されるんですね。精神分析的です。分析家の行う解釈みたいなもので、そう鑑賞してもいいし、しなくてもいい。

これは臨床家が物語を読むとはどういうことかという大きな問いにもつながります。クライエントの物語を聴くとき、僕らが批判をすることは基本ないですよね。「そんな物語は間違っている」と否定したら、そこで物語ることが終わるだけですから。その代わりに、「その物語、僕にはこんなふうに聞こえたよ」と伝える。その結果として、「そうなんです、だって……」にせよ、「いや、そうじゃないんです、というのも」にせよ、どちらでもいいのですが、クライエントがさらなる物語を重ねていくならば成功です。解釈は当たっているかどうかで価値が決まるわけじゃないんです。ここで賭けられているのは真偽ではない。話が盛り上がるかどうか、これこそが解釈の価値を決めます。すでに語られていることをより複雑に語ってもらったり、まだ語られていないことをこれから語ってもらったりするためにこそ、僕らは解釈したりコメントしたりしているわけです。今回のご著書は、そういう意味で、臨床的な批評に読めたんですね。つまり、物語をエンパワーするものとしての批評です。

斎藤 ありがとうございます。私は昔から文芸批評も映画評も副業という割には結構たくさん書いてきていて、文芸評論本を四冊、美術評論本を一冊、映画評論はこれが二冊目です。「趣味を仕事にしてはいけない」という方もいますが、仕事にしていなかったら臨床の合間でこんなに小説を読んだり映画を観たりしなかったでしょう。あと映画評の仕事をしていると、新作映画のオンライン試写をいちはやく観られるという役得もあります。最近は減りましたが、昔は評論家として監督や俳優にインタビューする機会もよくありました。私は一貫して「副業批評家」を自認しているので──「副業だからこそ真剣にやる」という意味ですよ(笑)──これほどの恩恵を受けながら、利いたふうな批判とかする気にはなれません。取り上げるものはけなさないというのが基本スタンスです。取り上げる価値があると思ったものだけを取り上げている。逆に言えば、取り上げないこと自体が批判ということもあります。取り上げた作品を批判している場合もなくはないのですが、それは、例えばクリストファー・ノーランのようにあまりにメジャーで大ヒットしている作家、作品には、多少牽制する意味で批判的にアプローチする、ということです。東畑さんが「エンパワーする批評」と言ってくれたのは我が意を得たりというところで、私はそれが批評本来の力だと思っている。批判がクリエイターをエンパワーすることがまったくないとは言いませんが、日本の批評業界ではそうした例はほぼ聞きません。圧倒的に逆のほうが多いでしょう。私も含め物書きは自己愛が強いので、批判されて態度を変えたりしませんし。批評文で私が理想としているのはフロイトの『グラディーヴァ』評（「W・イェンゼンの《グラディーヴァ》における妄想と夢」）で、あの批評があったために、どちらかと言えば二流の小説家だったイェンゼンの作品が古典として読み継がれている。ラカンの「《盗まれた手紙》についてのセミネール」にもそういうところがありますね。ポーの原作は探偵小説の古典と言われていますが、要は「隠したいものは一番目立つところに置けば気づかれにくい」みたいなトンチ話ですからね。いずれも作品の印象ではなく構造を語ることで名作化に貢献している、その真似ごとで四苦八苦しているわけです。

東畑　特に『この世界の片隅に』（片渕須直監督、二〇一六年）に対しては、尋常ではないというか、狂気じみた熱量を感じました（笑）。

斎藤　私は、この作品は視覚文化史上の最高傑作と考えています。これまで制作されたあらゆる映画、アニメ、マンガ、ドラマなどを含めたうえで、という意味です。こんなことを言うと、周りが引いてしまって、みんな無言になるのですが（笑）。ともかく公開直後にSNSで絶賛しまくって拡散したり、映画館で七回鑑賞したり、生まれて初めて聖地巡礼に行ったり、監督と対談したりしています。片渕監督も若干、引き気味みたいですけど（笑）。実はこの本に載っている評はまだ甘いほうで、別の本に、めちゃくちゃ気合いの入った絶賛評が載っています。『その世界の猫隅に』（青土社、二〇二〇年）というタイトルなのですが。

斎藤・東畑　（爆笑）

東畑　批評でここまで作品への愛を率直にぶつけてくるものも珍しいですね。コードを超えて、狂気が滲み出している。

斎藤　そうですか？　でも、批評家の東浩紀さんもエヴァンゲリオンを絶賛することでサブカル批評に参入していますし、比較するのもおこがましいですが、蓮實重彥さんも、ジョン・フォードとか特定の作家や作品への偏愛を隠していないですよね。さかなクンにしても牧野富太郎にしても、人々はいま「何かが死ぬほど好きな人」を見るのが好きなんですよ。オタクや腐女子もそういう文脈で世間が許容するようになった。そういう文脈に意図的に乗っかったという面はありますけどね。

物語ることの揺らぎと脱臼

東畑　つい先日、村上春樹の新作長編『街とその不確かな壁』（新潮社、二〇二三年）が刊行されて話題になりました。ネット上では批判的な意見もそれなりにありました。その一つが村上春樹のジェンダー観の問題でした。これはもう文体レベルで問題なんですね。文章の節々にひっかかってしまって、物語を楽しむところまでいけなくなってしまった。そういう感想です。これは考えさせられました。いま、物語に身を任せ、その展開を素朴に楽しむことは自明なものではありません。物語のドライブ感を味わうために、あるいは物語という列車に乗り込むまでにはさまざまな障壁があります。登場人物の設定にせよ、文体にせよ、そこにソーシャルで、ポリティカルな傷つきが生じるときには、物語を楽しめなくなる。そういう意味で、現代の小説家は列車に乗るまでを入念に整備して、傷つけない表現を模索していく必要があるのでしょう。それくらい、虚構というか、フィクションが、現実の傷つきとリンクしやすくなっているんですね。人は傷つきが深いときには、物語を楽しめないということです。ここに現代における物語の苦境があるように思うのですが、僕自身は村上春樹の新作はとても楽しく読みました。

斎藤　面白かったですよね。春樹さんももう七四歳ですが、文体や比喩は相変わらず瑞々しいですし、違和感なく物語世界に没入できました。やはり春樹ブランド健在だなと。たしかに、壁がモチーフになっているなど「またこのパターンか」とひっかかるところもなくはない。しかしこれについては、彼自身が昔の作品のリライトだと公言しているわけですから、まったく問題ない。むしろ、同じタイトルの中編や『世界の終りとハードボイルド・ワンダーランド』（新潮社、一九八五年〔新潮文庫（新装版）、二〇一〇年〕）で展開しきれなかったものをもう一度納得が行くまで書き直すという過程を辿っているので、そのぶん読み応えがありましたね。

春樹さんは『ねじまき鳥クロニクル』（新潮社、一九九四－九五年〔新潮文庫、一九九七年〕）で大きく変貌したと私はみています。河合隼雄との対談（『村上春樹、河合隼雄に会いにいく』岩波書店、一九九六年〔新潮文庫、一九九九年〕）で、彼自身もそう語っています。精神医学的に言うと、それまでの作品の多くはスプリッティング（分裂）がモチーフでした。要は白か黒かの二元論で、『世界の終りとハードボイルド・ワンダーランド』はまさにそうでしたね。しかし『ねじまき鳥クロニクル』以降、完全にディソシエーション（解離）モードに入っていきます。解離は多元論的で主体がポリフォニックに増殖していきます。そこで手に入れた新しい物語能力を生かして、分裂時代に書いた作品をリライトしなければばならないという気持ちが、彼にはもともとあったと思うんですよね。だから、今回の作品で、解離時代の村上春樹が分裂時代の自分の若書きを書き直しているというのは、非常に感慨深かったです。

もう一点面白かったのが、『1Q84』（新潮社、二〇〇九－一〇年［新潮文庫、二〇一二年］）あたりから導入された、発達障害のモチーフです。『1Q84』ではふかえり（深田絵里子）がそうですが、言語など、どこかに欠落を抱えた少年少女が登場し、異世界と媒介するというスタイルが続いています。『騎士団長殺し』（新潮社、二〇一七年［新潮文庫、二〇一九年］）でも、まりえという無口な少女が出てきますよね。今回は「イエロー・サブマリンの少年」という、どう見ても発達障害としか思えないような――実際に「サヴァン」と書いてありますよね――少年が異世界と媒介する役割を担っています。このモチーフは一体なんなのだろうと気になりながら読んでいました。私が洗脳されているのかもしれませんが、彼の作品の構造には「このピースはここにはめ込むしかない」といった必然性があるんです。だから、ここで媒介者としての発達障害モチーフを出すということにも、何か必然性があると思うのですが、その意味するところは謎ですね。まだよくわからない。

東畑　『海辺のカフカ』（新潮社、二〇〇二年［新潮文庫、二〇〇五年］）でもナカタさんという人物が出てきますが、この人物も発達障害的な描写がなされていましたね。

ここは臨床的物語論としては面白いところだと思います。先ほど、「異世界」という言葉が出ましたが、村上春樹の一連の作品は、一方に現実があり、もう一方に心の世界があるという構造になっています。『世界の終りとハードボイルド・ワンダーランド』がそうでしたが、今回もそうでしたよね。一方に『ノルウェイの森』（講談社、一九八七年〔講談社文庫、二〇〇四年〕）の語り直しのような現実があって、他方に彼女の心の世界がある。

村上春樹と河合隼雄の仲は特別なもので、対談集も出していますが、彼らの相性が良かったのは、河合隼雄がそのような「外的現実と内的現実」というモデルを前提にしていたからだと思います。「物は豊かになったが、心はどうか」と河合隼雄はよく言っていましたが、つまりそれは、人間は現実だけで生きているのではなく、心の次元には心の次元の別の現実があるということです。村上春樹が「井戸掘り」や「家の地下二階」と表現しているのはまさにその次元であり、そここそが物語の巣です。

これは実は神経症のモデルです。内と外が区別され、内側の奥深いところに抑圧された深層が広がっている。よって、自己を物語っていくことによって、内面に変化が生じる。フロイト以来、心理療法はこのようなモデルに基づいて発展してきました。これに対して、深刻なオブジェクションを突き付けたのが自閉症スペクトラム障害です。例えば、ベッテルハイムのように自閉症スペクトラム障害の精神分析を行い、内的変化を引き起こそうという企てでもありましたが、それは現在では否定されています。問題は「心」ではなく、「脳」や「中枢神経系」にあるわけで、本人を変化させるのではなく、まずは環境を適切なものにしようというふうに援助論が変わってきました。心の深層に働きかけるというモデルが失効して、心の表層の次元で関わりを持つという治療論になったわけです。

実際、精神分析ではクライン派のメルツァーやアルバレズのように、「何を解釈するか」ではなく「いかに応答するか」という表現された中身の象徴性よりも表現行為それ自体の形式を重視する治療論の進展がありましたし、オグデンは妄想分裂ポジションと抑うつポジション[1]の以前に自閉接触ポジションを定式化しました。それは象徴が機能不全の段階にある心の態勢についての理論です。ユング心理学でも河合俊雄が同じような臨床理解を打ち出しています。

ここにあるのは、「物語ること」による治療作用に対する、ある種の悲観性です。自己について物語ることが臨床的価値を持たないという事態に対する応答が、本来物語る治療であった力動的心理療法の側からなされ、理論的な発展がなされたわけです。ここには挑

1　クラインの精神分析理論で唱えられた概念。本章一七一頁以下の東畑の発言を参照。

戦があり、果実があるのですが、しかしやはり限界もあると思うんですね。というのも、それらは結局、特定の学派の治療者のためのマイナーな理論に留まり（専門家にとっては重要であるにせよ）、当事者や家族に及ぶような社会的な広がりを獲得していないからです。

この点で、小説家のほうが先をいっています。村田沙耶香さんの『コンビニ人間』（文藝春秋、二〇一六年〔文春文庫、二〇一八年〕）にせよ、村上春樹の先に挙がったキャラクターにせよ、発達障害や自閉症スペクトラム障害の人たちの新しい物語を描き出そうとする試みがなされています。また、綾屋紗月さんの当事者研究がそうですが、発達障害当事者が自分たちを物語ろうとする試みも次々と現れています。心理療法家は物語が機能不全だという理論を構築しているわけですが、実際に当事者は物語っているわけです。そういう意味で、臨床家はもはや物語を解釈できるような特権的な立場にはいられなくなっています。このあたりの自閉症スペクトラム障害をめぐる臨床家による物語論の限界について、斎藤さんはいかがお考えでしょうか。

斎藤　物語論に逆説的な興味があるのは、私の「物語」に対するセンサーが鈍いせいかもしれません。実は「物語」みたいな、「大文字のキーワード」に苦手意識があるんです。以前は「関係」がわからなかった。それで『関係の化学としての文学』（新潮社、二〇〇九年）を一冊書いて、「関係とは「攻め」と「受け」のことである」という命題を発見してようやくわかった気になれた。「キャラクター」もよくわからなかったので、『キャラクター精神分析――マンガ・文学・日本人』（筑摩書房、二〇一一年〔ちくま文庫、二〇一四年〕）で自分なりに定義づけたという経緯もあります。「物語」もそういう苦手なキーワードの一つです。物語とは何か、と突き詰めて考えようとすると、よくわからない。辞書的な定義は知っていても、その臨床的な本質がわからない、と言いましょうか。

ラカン派的な立場から見ると、物語とは想像的なものに位置づけられるわけです。それはラカン派的な文脈でも神経症的と言いうるでしょうが、ここでの神経症の意味は、内省による言語的構築物ということになります。この文脈で「物語」が持ちうる治療的意義とは、せいぜい自己愛的な幻想による忘却と隠蔽ということになるでしょう。つまり物語の想像的な機能に依拠して、これも想像的な位置づけを持つ「自我」を慰撫し補強するということ。それは姑息な解決にしかなりえず、真の治癒、つまり「分析の終わり」とは主体の構造が変化するような契機であるとラカニアンなら言うでしょうね。もっとも私は、いまではそのような厳密な意味での「終わり」にあまり意味を見出せなくなっていて、物語で癒されるなら全然OK、という気分に傾きつつあるので話はややこしいのですが。

話変わって発達障害ですが、彼らは言語的な象徴秩序に従わず、むしろそれを脱臼させる存在ということになると思います。ラカン的に言えば「「去勢」が仕事していない」ということになります。彼らの病理は心的現実の外部、つまり神経系に器質的な位置づけを持っており、いわば、外部から物語を脱臼させに来た存在ということになる。いま名前の出た綾屋紗月さんの文章は、彼女が私たちと同じ意味を共有できないことを前提としています。物語の最重要な要素の一つが「欲望」だと思いますが、発達障害の人の性欲や食欲のありようがいかに定型発達の人と異なっているかを、綾屋さんの本は詳しく教えてくれます。綾屋さんの物語は、私にはほとんど隠喩的な含みがあると思えないので、通常の意味での解釈は難しいのではないでしょうか。村上春樹に限らず、発達障害モチーフの「流行」は、文芸における物語の行き詰まりを意味しているように、私には思えます。一方、こうしたモチーフの導入が物語の「粒度」を細かくしている可能性もある。感覚の自明性を疑うこともその一つです。

東畑　僕は少し違う意見なんです。物語というのはどんどん新しい形が生まれてくるものだと思うんですね。発達障害的な生きづらさが社会に存在するならば、やはりそのための物語が生まれてくる。発達障害当事者のためのライフハック本が世の中にいろいろと出版されていますが、それらもまた物語の新たな形なのではないかなと思うんですね。だから、むしろ臨床的物語論のほうが失効していて、物語自体は健在なのではないかと思うんです。村上春樹も何かで言っていました。太古の昔から人類は焚火を囲んで物語っていたわけで、物語ることには強靭な生命力があるのだと。実際、心理療法のほうが断然歴史が短い。

もう一つ新しい物語という意味では、社会的トラウマの物語もいまは多く生まれているように思います。いや、いまや小説は、心よりも政治や社会に接続して描かれることが多くなったとすら言えるかもしれません。例えば、やはり最近刊行された川上未映子さんの『黄色い家』(中央公論新社、二〇二三年)です。これはヤングケアラーについてのお話であり、ある種の社会的告発をはらむものとなっています。物語の発生する場所としての社会という感性ですね。これは河合隼雄的-村上春樹的な物語とは異なる志向性を持つものだと言えます。物語に対して読者が何を期待するか、どこに物語を見出すかがだいぶ変わってきているのではないかと思っているのですが、いかがですか。

斎藤 そうですね。大前提として、いわゆる「大きな物語」が失われたという話がありますが、それでも物語は全然終わっていないし、どんどん新しいものがつくられている。そのなかで、徐々にモードが変わってきたという印象があります。社会的なものを取り込んだモチーフが増えてきたということもありますが、語り口がずいぶん洗練されてきたという感じがあります。私は結構NHKの大河ドラマを観るのですが、大河ドラマの場合、大筋の歴史的な事実はみんな知っていて変えられません。「本能寺の変」が起きなかった世界線は描けない。すると、変わらない事実どうしを結ぶ、この間のプロセスを書き換えなければいけない。ここでこそ、脚本家が力を発揮します。最近の作品は、物語の骨子自体はかつて語られたものをなぞっているかもしれませんが、そのプロセスがずいぶん書き換えられていて、それが面白い。マンガでもそうした顕著な変化を感じますが、別の喩えで言うと、ヒップホップの影響下にあるエド・シーランがポップスの文法そのものを改変しつつあるような変質が、従来の「物語の定型」を良い意味で侵食しつつあるようにも思えます。定型が掘り尽くされて新しい語り口が生まれ、そこから新しい物語の可能性が広がっていくような、そういう印象を持っています。

『黄色い家』と時制の問題

斎藤　そういう状況を踏まえたうえで、先ほど東畑さんもふれられた『黄色い家』について検討してみましょう。川上さんが初めて手がけた新聞小説ということもあって、異常にリーダビリティが高い小説ですが、この小説は、なかなか奇妙な構造になっています。黄美子さんという境界知能[2]の疑いのある女性が狂言回しのようなポジションですが、彼女が体現しているのは、キャロル・ギリガンが言うところの「ケアの倫理[3]」。それに対して主人公の女の子・花は頭が回り、自分で儲けを回していく才能がある。「正義の倫理」の側にいるんですよ。

東畑　花はアントレプレナーですよね。どんどんビジネスをしていく。

斎藤　黄美子さんは、とにかく周囲の人をケアしてしまう人で、それゆえにヒロインを救ったりもするけれど、逆に悪に巻き込んでしまうという面もある。そういったケアの倫理の両義性を体現したキャラクターで、しかも、黄美子さんはそれをあまり自覚せずにやっている。ケアの倫理は理詰めで説明するとわかりづらいのですが、ストーリーだとよくわかるなと感じました。「正義の倫理」は構造寄りですが、「ケアの倫理」は物語寄り、とも言えるように思います。

東畑　ケアの倫理が物語と相性がいいというのは言われてみて、本当にそうだと思いました。小川公代さんがケア論を文学批評として書かれるのもそういう相性の良さがありそうですね。物語は正義を語ろうとすると陳腐になってしまいます。何が正しいか、何が善かは定型ですからね。例えば、宗教団体のパンフレットに書かれている体験談がそうである

2　知能指数（IQ）が七一以上八五未満で、平均的とも知的障害とも言えない状態を指す言葉。
3　『もうひとつの声で――心理学の理論とケアの倫理』（川本隆史・山辺恵理子・米典子訳、風行社、二〇二二年）を参照。

ように、話は結局同じ展開になり、結末は型どおりです。進研ゼミのパンフレットもそうだし、ある種の政治的パンフレットもそうですね。物語の面白さは結局、塩梅や程度にあります。理性による断言ではなく、理性と情念の絶えざる葛藤こそが物語の場所です。そして、それこそがケアの実際なんだと思うんですね。というのも、ケアは原理ではなく、常に応答であるからです。事件が降りかかってきて、それにかろうじて応答し続けるのが物語の主人公の特徴ですよね。

ところで、『黄色い家』で主人公の花が、作中ずっとシンプルな物語を空想していたのは面白かったですね。彼女は「黄色い家」をつくって、みんなで幸せに暮らすんだという、ユートピアを夢見ています。これはいわば、オウム的な物語です。救済が夢見られ、その物語に合わせて現実の側を変形させようとして、花は犯罪に手を染めていきます。ここには物語の持つ影の側面を見て取ることができます。

本当だったら、お母さんや黄美子さんのような大人が、花が未来の心配をしないで済むような環境をつくってあげないといけないわけですね。でも、それが得られないから、花は自分でサバイブすることを強いられます。あまりに早くから自立してお金を稼がなければならない。これはウィニコット的な意味での「環境の失敗」[4]です。そんな彼女を支えるのがユートピア的で万能的な物語なわけです。現実が惨めなぶん、万能的な世界を夢見る必要がある。ここにはクラインが言うスプリッティング（分裂）があります。それゆえに、結局その物語を空想するほどに、彼女の心は蝕まれていきます。「なんで私がこんなに頑張っているのに、おまえらは何もやらないんだ」と、孤独になっていくんですね。『万引き家族』（是枝裕和監督、二〇一八年）もそうですよね。万引きをしなくてはいけなくなるのは、彼らが空想的な家族でいようとするからです。孤独だからこそ空想的になり、空想的だからこそ結局はより孤独感が募る。非現実的な空想を維持するために法という現実原則に抵触するしかないわけですね。面白いのは物語の救済がユートピアの実現ではなく、ユートピアの崩壊によって訪れることです。黄色い家が解散し、万引き家族が散り散りになるところで、読者はほっとします。シンプルだけど貧しい物語が終わることで、ようやく複雑だけど豊かな現実と触れ合えるようになるからですね。これが妄想分裂ポジションから抑うつポジションへの移行[5]であり、喪失によって物語が複雑になるということですね。

4　ウィニコットの発達理論では、環境（とりわけ母親）と幼児の関係が重視され、この環境の欠損が精神病の原因になると考えられている。

5　本章一七一頁以下の東畑の発言を参照。

斎藤　二つの作品の対照的なところは、超越性の有無だと思います。『万引き家族』には実は超越性があって、それが柄本明演じる駄菓子屋の主人なんです。少年の万引きが彼に見つかるところから次第に家族の素性がバレていって、一家離散になってしまうのだけれど、彼がある種の「神」の視点を持っているんです。彼に見つかることで、少年は家族を失うという意味では罰せられもするけれど、家族から解放されるという意味では救われもするという両義性がある。一方『黄色い家』にはそのような超越性がなく、花の正義の倫理が暴走すると、なぜか家父長制になっていって、それが一家全体をばらけさせてしまうという側面があります。このくだり、東畑さんの『居るのはつらいよ──ケアとセラピーについての覚書』（医学書院、二〇一九年）を少し連想しました。はじめは排除された者たちが身を寄せ合う「アジール」だった「黄色い家」が、頭のいい花の頑張りでどんどん管理的になり「アサイラム」になってしまう。そういったあたりも含めて、二つの作品の対比は面白いなと思いました。

東畑　『黄色い家』では、物語自体が、大人になった花が、過去を追憶－リフレクトするという構造になっています。黄美子さんの名前をネットニュースで見かけたところから、「当時あった黄色い家はなんだったのだろう」と回想し始めるわけです。リフレクションが重要です。振り返ること、思い出すことによってようやく、自分と自分に起きたことについて人は考えられるようになる。そのとき、かつてあったユートピア的な空想は、歴史の一部になり、文学的に変形されます。つまり、ユートピアを夢見ていた過去の自分という形で、現実のなかに場所を得るわけです。

渦中にいるとき、人は振り返ることができないんです。いったんその外に出て、安全や余裕を獲得することで初めて、僕たちはかつてを振り返り、そして物語ることができるようになる。これはトラウマ治療の基底にある発想だと思いますし、文学という営みの持つ深い力です。

ただ、この点で、精神分析は面白くて、クライエントは過去のことを語り続けながら、同時に、「いま、ここ」で物語を再演するんです。つまり、治療者とのあいだで物語を反復する転移のことです。このとき、治療者は物語の登場人物になりながら、かつそれを外から見る人にもなります。この二重性のなかでの話し合いが精神分析です。現在と過去を物語りながら、実演し、そしてそれをさらに物語るのが治療機序であるという意味で、精神分析は物語ドリブンな治療文化だと言えますね。そこが危険でもあり、効用でもあるわけです。

斎藤　時制の問題ですね。先を見ているときに花が描く未来物語は、ヤンキーの成り上がりストーリーのようで、とても陳腐なのだけれど、リフレクトするときのストーリーは、もっとマシなものになっている。このように、振り返るときと未来志向のときで物語が変わってしまうのは、非常に面白い。

実は、それを応用したようなアンティシペーション・ダイアローグ（未来語りのダイアローグ）という手法があります。トム・アーンキルが開発したものですが、ブリーフセラピーのミラクルクエスチョンにちょっと似ていて、患者には「いまから一年後のあなたを想像してください。そして、一年後のあなたの視点から過去を振り返って、この一年どうだったかを思い出してください」と指示を出します。語る内容はこれから起こることでありながら、時制としては過去形。この方法で語らせると、非常にユニークな話が出てきます。さらに、その場には複数の人がいますから「私はここを協力しました」とか「私はあれをやりました」とか、みんな過去形で自分が貢献したことを語り始める。すると、自然に協力関係が生まれてくる。逆に、未来志向で「あなたはこれをしてください」「あなたはあれお願いします」と指示する形になると、全然成立しない。時制を変えただけでモチベーションが逆になってしまうのはなぜなんだろうとずっと疑問ではあるのですが、良い工夫ができているなと感じています。

東畑　ウィニコットが言う意味での「遊び」が物語るためには必要なんでしょうね。「環境としての母親」が存在していて、安全が確保されているときに、ようやく僕らは物語ることができる。逆に言えば、不安なときには人は物語ることができません。そういう意味で、時制を変えることによって安全感が発生したときに、遊びが生じて、物語れなかったことを物語るためのスペースが生まれるのかもしれません。そして、そのように生じた物語を通じて、人と人とがつながっていくという循環があります。

心を可能にする仕事／心を自由にする仕事

東畑　いま、二つの小説が話題に上りました。それとも関わるのですが、臨床に携わるなかで、心理士の仕事には二種類あるように感じていたんです。一つは心を可能にする仕事、もう一つは心を自由にする仕事です。

一つ目の「心を可能にする仕事」というのは、端的に言えば環境を整え、自我をサポートする仕事です。危険な状況にあって、追い詰められ、混乱しているとき、人は自分のことを考えたり、感じたりすることはできません。そういうときに必要なのは、内面をどうこうするのではなく、環境にケアを配置することです。例えば、いじめが起きているならば、まずいじめを止めないといけない。お金がないのであれば、親や自治体からお金を引っ張ってこないといけない。あるいは、熊倉陽介さんがやっているハウジングファーストがそれですね。[6] ホームレス支援でまず必要なのは個室です。そうやって、とりあえず向こう半年くらいはこんなふうに暮らしていけるだろうという状態になって、初めて人は「俺、不安だったんだ」「私、傷ついていたんだ」と考え始めることができる。

斎藤　ケースワークのような感じですか。

東畑　そうですね。ウィニコットが言うとおりで、環境が整ったときに、初めて心が可能になる。

斎藤　私の臨床でも、ほぼそればかりのときがありますね。ひきこもりではまさに「環境」が問題で、家しか空間がないなかで、親から毎日責められているわけですよ。私の仕事は、本人にはあまり働きかけずに、親を説得したり対話したりして接し方を変えてもらうことで、本人が一息つける空間をつくることなので、非常によくわかります。ただ、通常はケースワーク、ソーシャルワークと言いそうなところを「心を可能にする仕事」と言うのはいかにも東畑さんらしい表現で素晴らしいですね。貧困にしても虐待にしても、巨大なストレッサーが現前している状況下では、個人の心理療法はなかなか成立しませんからね。

東畑　いまの精神医療のほとんどがこちらの仕事だと思いますし、僕が普段やっているカウンセリングルームのケースの七割はそれです。ただ、安全は確保したのだけれども、そのうえで心の問題に取り組むというクライエントもいます。これを「心を自由にする仕事」と僕は呼んでいます。心を可能にする仕事をしたあとに、ある程度の落ち着きを得てから、自分の心を見ていこうとするクライエントたちとの精神分析的心理療法です。面白いのは、彼らがそこで扱われる苦悩について、最初は「贅沢な悩みかもしれないけど」と言ったりすることがあることです。自分は本当のところ誰を愛しているんだろうとか、本当には人を信頼していないとか、こういう仕事をやっていていいんだろうかとか、自分は何をしたいのだろう、と。まあ、たしかに生存そのものを問題にしているわけではないという意味では「贅沢な悩み」と言えなくはない。でも、國分功一郎さんが『暇と退屈の倫理学』（朝日出版社、二〇一一年［新潮文庫、二〇二二年］）で贅沢にこそ人間性を見ようとしていたように、「贅沢な悩み」って人間的に切実な悩みでもあると思うんですね。そして、それをちゃんと悩むのって一人では難しくて、これを一緒にやるのが「心を自由にする仕事」です。ある段階で悩むことができなくなり、固定されて不自由なままになっている心をちゃんと悩んで、前進させていくための心理療法です。

6　稲葉剛・小川芳範・森川すいめい編『ハウジングファースト——住まいからはじまる支援の可能性』（山吹書店、二〇一八年）を参照。

そういう意味で、心をめぐる物語にも二種類あるんじゃないかと思うんですね。環境を調整して、外的世界のなかでどう生きていくかという社会的・政治的な次元の物語と、精神分析が前提にしているような、自分のなかで反復されていることをめぐる物語です。『黄色い家』は前者の話、村上春樹の小説は後者の話をそれぞれしているように思うんですね。

ただし、一つ目の「心を可能にする仕事」をしているときには、僕は治療者としてはあまり物語というものを考えません。もうちょっと即物的に動いています。足りていないもの、必要なものを、適切に供給することばかりを考えています。一方、後者の「心を自由にする仕事」の場合には、治療のなかで僕自身も物語を生きていると感じることが多いです。そういうときに、心というものが文学的なものだと思いますね。

物語万能主義への疑問

斎藤　いま「心を可能にする仕事」というお話がありましたが、東畑さんは、ユンギアン（ユング主義者）だと思いきや、ご著書のなかではどちらかというと、物語をあまり強調されないですよね。それはなぜなんでしょうか。

東畑　そもそもユンギアンではないんですけど（笑）、初期のトレーニングをユンギアンたちから受けたのは事実です。そこでは、たしかに物語って非常に重要だったんですね。生きることは物語であるというのが河合隼雄の根幹的な思想ですから。ただ、僕のなかでは納得できなかったんです。臨床は物語であると言われても、物語ならなんでもいいのかという問いがあって。例えば、クライエントの人生や面接プロセスの物語を読み解いたとして、しかしそれが善き物語なのか悪しき物語なのかって、どうやって判断すればいいのかっていうとよくわからない。

これについて正面から取り組んでいるのが、村上春樹と河合隼雄の対談です。今日はこの対談をめぐる対談と言ってもいいですね。それはオウム真理教の事件が起きた直後に行われていて、彼らには「もし自分が麻原彰晃だったら」という共通の危機感があるんですね。自分たちはこれまで物語、物語と言ってきたけれど、物語によってこれだけ破壊的な事件が起きてしまった以上、物語が善いものだと言えるのだろうか、そもそも善き物語とはなんだろうか——そんなふうに問うている。でも結局、本のなかでは答えは出ていないし、先輩からは臨床をやればわかると言われましたが、やっぱりわからなかった（笑）。

斎藤　例えばオウム事件について、事件当時に浅田彰は「オタクの連合赤軍」と一言で切り捨てています。これはある意味でラカニアン的で、稚拙でナルシシックなファンタジーの暴走など分析にすら値しないという態度ですね。その一方で麻原彰晃を高く評価してオウム事件の遠因をつくったとされた中沢新一のことは批判しないというのはいまでも矛盾だったとは思いますが。この二人も実は対照的で、構造の浅田、物語の中沢、というふうにも見えます。この対比は「三・一一」以後にも反復されるのですが、それはともかくとして、村上・河合対談では、暫定的な結論として、まずオウムの物語は稚拙だったという批判がありましたね。それから、河合さんが面白いことを言っていて、ナラティブに現代のテクノロジーを結びつけたことが問題だったと指摘していました。これは逆にも言えるわけで、テクノロジーの物語化からニセ科学が生まれてくる(「水からの伝言」とか「マイナスイオン」とかですね)という定番のコースもあります。

東畑 ただ、心理学の物語も結構稚拙なんですよ。簡単にドグマになっていきます。学生時代で言うと、当時ケースカンファレンスという授業があって、事例を報告してみんなでそれについてコメントするんですね。先生方のコメントはすごくって、事例から物語を見事に読み解くんです。「おおっ」という驚きがあった。ただ、よくよく聞いていると、個別性が大事と言いながら、同じような物語で繰り返し読み解いているのがわかってくる。ある種単純な型があるんですね。そして、見事に読み解けたとして、「で?」という疑問が拭えなかった。物語は進んでいる。「で?」って。もちろん、わかる人にはわかっていたと思うので、僕にそういうユング的なセンスがなかったってことなのでしょうが。

斎藤　わかります（笑）。私の疑問が、まさに「で？」なんですよ。さまざまな仮説があるのは知っているし、物語を通じて自己認識が深まるとか、統合度が高まるとか、他者と接続されるとか、何がしかの効用が期待できるのもよくわかる。でも、それは物語そのものの効用とは少し違うのではないか。結局のところ物語を治療にどう生かすのかが、いまいち腹落ちしないんです。物語のベタな応用としても「読書療法」や「映画療法」があるし、私の教え子のイタリア人精神科医、パントー・フランチェスコ君は「アニメ療法」や「ゲーム療法」の開発に取り組んでいますが、効果はまだはっきりしません。あとゲームと言えば、最近「ダンジョンズ&ドラゴンズ」のプレイが心理療法として使えると話題になっていますね。社交性が高まったり自尊感情が改善したり、アサーティブネス（相手に配慮しつつ主張する能力）が向上したり衝動コントロールが容易になったりといった効能があるそうですが、これらは「物語を生きる」ことの効能かもしれません。でも、そうだとすると、本人の物語を見出すことと、他者のつくった物語を生きることはどう違うのか、あるいは同じことなのか。やっぱりよくわからない。

東畑　物語的臨床論を牽引したユング心理学の最盛期は、河合隼雄の『昔話と日本人の心』（岩波書店、一九八二年［岩波現代文庫、二〇〇二年、同文庫で二〇一七年に「定本」が刊行］）

や山中康裕の『絵本と童話のユング心理学』（大阪書籍、一九八六年［ちくま学芸文庫、一九九七年］）などが出ていた頃ですね。この時期に物語を心理学的に解釈する本がたくさん書かれていて、大学生の頃に興奮して読んだ記憶があります。だけど、そういう第一世代の仕事のあとに、それを模倣した仕事が膨大になされるようになり、結局どんな物語でも心理学的に解釈しようとしたらできちゃうのがわかってくるんです。心理学理論の物語というのは説話みたいなものですから。例えば、大学院生が何かしらのマイナーな絵本を取り上げて、それを解釈するとユング心理学的なテーマが現れる、みたいな。物語が大事だと言いながら、そうやって語られる物語が反復的なもの、クリシェになっているように思うんですね。「ナラティブが大事」と言いながら、クリシェが繰り返される、みたいな。ただ、これは心理療法というものの本質かもしれない。人類学的には治療物語というのは基本的に反復的なものですから。

いずれにせよ、先ほど述べた「心を可能にする仕事」のような非物語的な次元を考え始めたのは、そういう背景もあったように思います。

斎藤　たしかに「反復」は重要なキーワードだと思います。ラカン派では反復を象徴的な構造において主体化をもたらす契機として、あるいは外傷の反復として捉えますが、反復は「物語」の本質の一つと言えそうですね。

ところで、前の話に戻りますが、その「心を可能にする仕事」のトレーニングを、東畑さんご自身はどこで受けたんですか。私の知っている限りでは、心理士のほとんどは内面的な話をするだけで、ケースワーク的な仕事はあまりしていないように思うのですが。家族の同席すら良い顔をしない人がいたりで、驚くことがあります。

東畑 このあたりは分断があるのかもしれません。実際には多くの現場の心理士たちはそういう仕事をしていると思うんですよね。そうじゃないと仕事が成り立たないので。ただ、「心を可能にする仕事」が学問レベルでは十分に扱われていないのは事実です。ですから、大学院卒業したての心理士はケースワークをすることに罪悪感を覚えがちかもしれない。大学院教育の構造は大きいです。臨床心理士養成の大学院では、大学附属の相談室にやってくるクライエントに大学院生が会い、その後、二人が個室で話したことをケースカンファレンスで報告したり、スーパービジョンに出したりすることで、教育を行っています。つまり、個室で面接することを前提とした訓練システムになっている。

ところが、例えばひきこもりがそうですが、そもそもそうやって個室を訪れて、援助を得ようとした時点で、大きな達成であるケースって多いですよね。ヴァージニア・ウルフが女性が小説家になるには「鍵のかかる部屋」が必要だと言ったみたいに、心について考えるための個室をどうやって手に入れるのかこそが問題になる人がたくさんいる。それなのに、訓練自体は個室を前提にして始まっているわけです。ここに「心を可能にする仕事」が見えなくなりやすい構造があるように思います。心を可能にするとは、個室を可能にすることです。壁があり、鍵がかかる場所でひとりになれるとき、僕らは心を感じたり考えたりできるようになる。この点で、臨床心理士養成大学院の主流派であったフロイトやユング、ロジャースがどちらかというと富裕層や中産階級の個室をすでに手に入れたクライエントを相手にしていたということはあるかもしれません。

斎藤　とすると、東畑さんご自身はやはり、『居るのはつらいよ』の舞台になっている、沖縄の精神科デイケア施設で、「心を可能にする仕事」を学んだのでしょうか。

東畑　一つはもちろんそれだと思いますが、もう一つは開業臨床を始めて鍛えられたという実感があります。まだ混乱している人の心を素朴に深めようとすると、混乱が深まり、リスクが増大します。それはとても危険なので、事前準備をして心について考えられるところまで漕ぎつける手腕が必要になります。実は、その準備さえしてしまえば、もうカウンセリングに来る必要はないというケースも結構多いです。

斎藤　ひきこもりもそうですよ。私自身もケースワークの訓練は受けていませんが、ふつうの医者は嫌がる家族相談を積極的に受けたり、家族会で「乱取り」的に質問に答えたりしているうちに、だんだん方法論ができあがってきました。その集大成が『ひきこもり救出マニュアル』（PHP研究所、二〇〇二年［ちくま文庫、二〇一四年、「理論編」「実践編」に分冊］）なのですが、まさに中核的なテーマは「いかにして当事者の心を可能にするか」だったなあと思います。もっとも、ひきこもりの場合は環境調整だけでは不十分なので、主として環境因によって強化されたセルフスティグマ、ないし私の造語で言えば「自傷的自己愛」の呪縛からの解除も必要となります。これなどは「心を自由にする仕事」と「心を可能にする仕事」の中間のような仕事かもしれません。

東畑　若い心理士のいろいろな話を聞くと、病院や組織で働いていると、ケースワークの権限がどこまで自分にあるのかわからないという感覚はあるみたいですね。実際に裁量が与えられていないか、自分自身で裁量がないと思い込んでいるのか、いずれにせよ心理士の職業的権力の弱さから、現実を変えることに対する届かなさ、苦手意識が生まれているのはあるのかもしれない。そのぶん、内面にコミットするみたいな。

斎藤　例えばスクールカウンセラーも、もっと権力があると子どもの心を可能にしてくれると思いますが、なかなか難しいようですね。スクールカウンセラーとスクールソーシャルワーカーとのあいだで棲み分けができてしまっているという問題がありますよね。

東畑　ケースワークが重要だという認識は、むしろ高まってきているのではないでしょうか。名古屋市では、常勤のスクールカウンセラーが設置されたり、スクールカウンセラーとスクールソーシャルワーカーが連携して活動する組織がつくられたり、先進的な取り組みが行われています。僕自身はいまや僕らは「心の専門家」というより「つながりの専門家」として自己規定したほうがいいと思っているんです。つながりをマネジメントすることが、心を可能にする仕事の基礎にあって、それは現場レベルではすでにそうなっているように思うんです。

物語・プロセス・構造

東畑　一方で、カウンセリングをしているなかで、それまで語られなかった物語が語られる瞬間に感動することは多いです。これは「心を自由にする仕事」の醍醐味です。一つのエピソードが語られることで、それまでも語られていたけど、ピンとこなかったことが一気につながって、人間が立ち上がってくる瞬間があるんですね。不自由な場所に閉じ込められていた心が、一瞬自由になり、物語が始まる。「ああ、こういう文脈であの言葉を使っていたのか」とか「だから俺は全然わかってなかったんだ」みたいに感じる。しばしば、フロイトの症例報告が推理小説の文体で書かれていると指摘されることがありますが、これは他者の心というものが本質的に「謎」として立ち現れることに起因しているのだと思います。

斎藤さんは転移解釈を好まれませんが、転移解釈も本来は語られない物語を語れるようにするためにあるんだと思います。患者が治療者に対して不信感や愛情を抱く。これが転移です。そういう気持ちを語れないでいるとき、面接では自由に話ができなくなります。一番大事な話ができないままに、話が上滑りしてしまう。そこで、分析家が「あなたは私に対して憎しみを持っているのではないだろうか」と伝える。うまくいくと、面接のなかでそこにあった愛情や憎しみについて語れるようになります。それはただその二人の関係についてだけ語れるようになるということではなく、それに結びついたいろいろな物語が語れたり、生きられたりするようになる。例えば、いままで回避してきた「さみしい」という気持ちに留まれるようになるわけですね。心のなかで可動域が広がる、あるいは、アクセスできる物語の数が増える。これが心が自由になることだと思うんです。

斎藤　わかります。私も、ナラティブ・セラピーのナラティブにはいつも違和感があって、そんなに誰しも起承転結のストーリーを持っているわけではないだろうと思っていたのですが、あるときから、ナラティブとは要するに世界観のことだろうと置き換えたら、急にわかってきたんです。いまのお話を伺っても、ある種の世界観が問題なのかなと思いましたね。この世界観ではなく、あの世界観を採ったほうが、可動域が広がるというように。その意味では、世界観が書き変わると言い換えてもいいのかなと思いました。

東畑 たしかに、最終的には世界観と言ってもいいかもしれません。聖書の物語も世界観の提示ですしね。ただし、ふつうに「世界観が変わる」というときに連想するような単に風景が明るくなるということだけではなく、いままで見えていなかった、時間軸のある物語が見えてくるということがあると思っているんです。つまり、「歴史」ですね。

斎藤 その点が、まだ理解できていないところです。時間軸とはなんだろうと考えてしまうんですよね。その人の物語のなかにおける時間軸の意味とはなんだろうと。因果関係なのか、起承転結なのか。そのあたりがいまいちわからなくて。河合隼雄はよく、日本と西洋の対比をしますよね。中心にしっかりとした核のある西欧の神話の構造と、常に中心が空虚な日本の神話のそれが、それぞれの心性につながっているという考え方です。それならわかるんですよ。そこに時間軸が入り込むと、よくわからなくなる。ただ、いまはこう考えています。例えば、ひきこもりにはデイケアなどの集団参加がしばしば良い影響をもたらしますが、だからといって初回面接から「君はすぐデイケアに参加しなさい」と勧めてもうまくいかない。本人との関係を構築しつつ、そのニーズの変化を捉えて、タイミングを見計らって背中を押すとうまくいくこともある。出会いから関係構築という手順を踏まないといけないわけです。つまり、臨床的な事象どうしの関係性を、時間軸に即して見ていくことは大切にしていますが、これも物語よりは構造に近いのかな。

東畑　物語以前の段階ってあると思うんですよね。物語が芽吹くためには、関係性が苗床として整備されないといけないというか。それにしても、やはり斎藤さんは、〝構造の人〟なんですよね。

斎藤　はい、私、〝構造の人〟なんです。

東畑　僕自身も、アーサー・クラインマンが好きだから、〝構造の人〟なんだと思いますが、でもね、純粋に物語が好きなんです。ご指摘があったように、僕は物語論を書かないんですけど、書いている本は『野の医者は笑う――心の治療とは何か？』（誠信書房、二〇一五年［文春文庫、二〇二三年］）にしても『居るのはつらいよ』にしても、『なんでも見つかる夜に、こころだけが見つからない』（新潮社、二〇二三年）にしても、物語を書いているんです。物語論ではなく、物語実践です。本を書く前に、ハリウッド脚本術を使って、プロットまで書いてますから（笑）。

これが大事だと思うのですが、基本的に治療は物語の形をとります。アーサー・クラインマンは、治療というものの基本構造を、病いの原因を説明する物語――例えば霊の憑依、無意識の抑圧、神経伝達物質のバランスの崩れ――が投与されて、患者と治療者がその物語に合意してリアリティを共有することに見出しました。いわゆる「説明モデル理論」です。人がどのように病み、絶望に暮れ、そこからいかに回復していくか。これについてのある種の定型的物語が癒すわけです。

例えば、精神分析系の事例研究を読むと、少なくない論文が同じプロットで書かれていることに気づかされます。治療者がクライエントに会って、治療を始める。出だしは良いんだけれど、治療関係が徐々に難しくなってきて、治療者も逆転移に浸されていく。ところが、あるタイミングで逆転移に気づき、クライエントのことが理解できるようになって、出会いが起こり、〝黄泉の国〟から回帰していく。ディズニー映画（『リメンバー・ミー』（リー・アンクリッチ監督、二〇一七年）が一番クリアです）と同じプロットです。このように同じ物語が反復されるのは、訓練のなかでそういう物語を内面化して、事例を定式化できるようになることが、治療者としての成長であるからですね。精神分析だけではありません。あらゆる治療のあらゆる理論のなかに、治療と回復のプロットが埋め込まれています。

斎藤 分析自体に物語が含まれているということですか。

東畑 そうだと思うんです。実際、フロイト自身が、物語が好きな人でしたよね。

斎藤 うーん、私はどちらかというと、フロイトは構造派だと思っていたんですが、なるほど、そうとも言えるかな。神話も好きですしね。

東畑　エディプス・コンプレクスなんて、物語そのものではないですか。

斎藤　ただ、ラカン派の立場からすると、エディプス・コンプレクスでは、エディプス神話が一回限りのストーリーではなく、三角関係という普遍的構造に置き換えられていることになります。私のように一度ラカン派のほうに近づくと、構造しか見えなくなって、〝ストーリー盲〟になってしまうということでしょうか……。

東畑　英米系の精神分析はやはり物語の文化だと思うんですけどね。斎藤さんがオープンダイアローグ（以下、ＯＤ）にハマることによってラカン派と訣別したのも、ラカン派には物語が希薄だからなのかもしれないですね。僕、斎藤さんの本で好きなのが、マンガ版ＯＤ（『まんが　やってみたくなるオープンダイアローグ』まんが＝水谷緑、解説＝斎藤環、医学書院、二〇二一年）で、あれには斎藤青年がＯＤによって人間性を回復していく自伝的物語があって、すごいいいんですよね。

斎藤　ありがとうございます。ただ、あの物語については、もちろん嘘は書いていませんが、まさに「人間性の回復」という定型的物語に落とし込みすぎた感はあって、「これぞ私の物語！」という感じが持てないんですよね。ラカン派に物語がないというのはおっしゃるとおりで、前にも言ったように物語＝自己愛的な幻想という意味で軽視されがちです。まあ基本的にラカン派には構造しかないので、構造分析にはすごく向いているからこそ、領域を限定すればときとして比類ない切れ味を発揮する。その意味では完全に訣別したわけではないんですが、治療への応用という点ではコスパが悪すぎると思うんですね。それに、臨床では物語のセンスがないと厳しいと私も思いますので、物語を共同で制作していくODのほうに可能性を感じているという面はあります。

ただ、ODも実はストーリーとはそれほど親和性がない。以前、中井久夫をめぐる対談(第二章を参照)で東畑さんから「中井久夫は物語にあまり興味がないのではないか」という趣旨のご発言がありましたが、これには虚を衝かれました。たしかに中井久夫は、構造よりもプロセスが好きなんですよね。それで言うと、ダイアローグは、ストーリーを紡ぐというよりは、プロセスを回していくという感じに近いのかなと。だから、私のなかではいま、物語とプロセスと構造という三つのジャンルがありますね。

東畑 プロセスと物語の違いについては、どのように考えていますか。

斎藤 私の考えでは、物語には必ずゴールがあるんですよ。一方でプロセスにはゴールがない。あるのは、AからBへの遷移だけ。構造は、それをすべて静的に捉える。

東畑 なるほど、これは新しいですね。OD、僕も一回見に行きました。僕が見る限り、語られていることは、ある種日常の断片的なことですよね。スケッチといいますか。それを、参加している人たちが聞いて、またそこでリフレクティングする。これまたスケッチなんですよね。みんなでスケッチを大量に交わし合う。

斎藤　まさにスケッチで、短ければ短いほど良いんです。いろんなタイプのスケッチが飛び交っている状況をつくりだす。ポリフォニーが理想なので、ハーモニーは重視されません。「あれかこれか」ではなく「あれもこれも」という基本姿勢なので、単線的なストーリーとは距離があります。

東畑　ストーリーではないんですよね。スケッチが飛び交うことそのものの安全感といいますか、他者に見えている風景が開示されるということの、世界を信じられる感じというのでしょうか、いずれにしても、危険なものを安全なものにしていくということが、ODの本質なのかなと思いました。

斎藤　ダイアローグの場合は、単線的なドミナント・ストーリーをいったん解体するように働くので、妄想的に「わかりすぎている人」は、回復の過程で「よくわからなくなった」と言うこともあります。ストーリーの上書きというよりも、脱構築の過程に近いのかもしれません。だから治療者の側もケースワーク的な発言もするし、心の内面の問題も扱うので、先ほどおっしゃっていた「心を可能にする仕事」と、「心を自由にする仕事」の区別があまりなく、混在していますね。

〝医学的健康〟の先にある物語

東畑　僕は臨床を行っていると、クライエントの物語を聞いていて、あるいはクライエントが物語を生き始める場面を目撃して、「めっちゃ面白い！」「人間、すごいな！」と感銘を受けることがあります。スケッチを交わしていくODでも、そんな体験はありますか。

斎藤　ODではない普段の診療では、どうしても一時間で六人診なければならないという縛りがあるのですが、なかなか一〇分間でそこまでの感動はありませんね。ところが一時間ダイアローグしていると、そういう経験が頻繁にある。DSM的な「診断」の外にある「人間」が見えてくると言いましょうか。いまさらではあるのですが、ODを始めてようやく「みんなこんなにユニークな世界に生きているんだ」と実感できたんです。だから、一時間とは言わずとも、せめて三〇分に延ばすだけでも違うだろうなと思っています。

東畑　スケッチが交わされていることでも、物語に感動するということがあるんですか。

斎藤　ありますね。先ほど言ったように、ストーリーというよりは「世界観」に近いですが、そういう断片が不意に出てきて、「こんなことを考えていたんだ」と驚くことがあります。治療者も驚きますが、何より同席する家族が驚くことが治療的に働く気がしています。中井久夫が言っていた「心地良い意外性」に近いと思います。ODではそういうことがよくあって、この方法が内面を耕す手段として優れていることを実感しています。

東畑　僕の場合、一回の面接は五〇分、それも週に一回や二回という高頻度で行うことも多いです。そういう設定を提案すると、クライエントからは多いと驚かれることもあり、実際にそうだなあとも思うのですが、理由があります。たしかに、クライエントが現実に困っていて、「心を可能にする仕事」が必要な場合は、二、三週に一度でも十分なときが多いです。その間に起きたことについて報告してもらい、こちらからアドバイスするにはそれくらいがちょうどいい。僕が「ふつうの相談」と呼んでいるのは、そういうカウンセリングですね。

ですが、内面の問題を扱う場合には、つまり、「心を自由にする仕事」に取り組むときには、週一回五〇分というインテンシヴな設定にします。これは、しゃべることがなくなってからが勝負だと思うからです。例えば精神分析では週に四回というケースもありますが、そこまで頻度を上げるともう外界のことについて話すことがない。だから逆に内面の物語が語られる余白が生まれてくる。

斎藤　それに関連して伺いたいのが、面接の回数の問題です。中井久夫は、有効面接回数は四〇回だと繰り返し述べていました。面接には上限がある、だから一回一回を惜しみなさいと。これについてはどう思いますか。

東畑　それは、中井久夫が〝医学的健康〟の人だったからではないでしょうか。僕の場合、「心を自由にする仕事」をしているケースでは、何百回と繰り返すこともあります。ですが、例えば子育ての相談など、現実的なことを解決したいケースの場合には、四〇回が上限という数字には納得感がありますね。

斎藤　精神医学でも似たようなことが言えるかもしれません。精神医学では、心の外部である脳が病んでいると考えます。だから、統合失調症でまともに考えることができないという状況では、内面については考えないんですよね。統合失調症を、あくまで心の外部の問題として解決することを目指す。このようなケースに限れば、四〇回は妥当かもしれません。

東畑　以前、ジェイムズ・デイビスという人類学者の *The Making of Psychotherapists: An Anthropological Analysis* という本を翻訳したのですが（『心理療法家の人類学――こころの専門家はいかにして作られるか』東畑開人監訳、中藤信哉・小原美樹訳、誠信書房、二〇一八年）、そのときにも医学と心理の違いを考えさせられました。この本でデイビスは、イギリスの精神分析の訓練機関をフィールドワークしているのですが、翻訳に当たって「なぜこの本のサブタイトルを「医療人類学」にしなかったのか」と彼に尋ねてみたんです。それに対する答えは「心理療法は医療人類学ではなく宗教人類学の対象だから」というものでした。「宗教」という言葉は少し重すぎる気もしますが、要するに彼は、心理療法とは人がどう生きるかについてのすぐれて道徳的な営みであると考えているわけです。医学的健康であれば、ある程度、現実的な共通認識がありますよね。ここまで来れば寛解したとみなそうとか、これができるようになればとりあえず治癒とする、というような。それに対して心理療法では、そのような医学的健康が可能になったあとに、誰のことを愛するのか、どうやって生きていくのかについて考えざるをえなくなります。つまり、何に価値を置くかという問題を扱っているのです。そうなると、フロイトがいみじくも「終わりなき分析」と言っていますが、当然ながら終わりがなくなってくる。クライエントそれぞれの人生についての長いお話が語られていくわけです。こういうものを文学というのかもしれません。

臨床家が物語を語らない／語れない時代

東畑　ここまで、臨床におけるクライエントの物語について話してきましたが、臨床家が描く物語についても考えたいと思っています。臨床家はかつて雄弁に物語っていましたよね。僕が臨床をやりたいと思ったきっかけも、若い頃に松木邦裕さんや藤山直樹さんの著作を読んで、そこに書かれている事例に感動したことでした。そこで提示される物語のプロット自体は先ほども申し上げたとおりある種の定型なのですが、物語の細部は感動的です。そこに自分を重ねて、こんな臨床をやりたいと思ったんです。あるいは、河合隼雄の初期の作品に『カウンセリングの実際問題』（誠信書房、一九七〇年〔岩波現代文庫、二〇〇九年、『カウンセリングの実際』と改題〕）というものがありますが、この本も僕の座右の書で、河合隼雄が一人の不登校の少年と交流を深めていくという物語が描かれています。振り返ってみると、臨床家が描く物語が力を持っていた時代がたしかにあったのです。その力がいまでは大きく減退しているように思うのですが、どうしてなのでしょうか。

斎藤　一つには、素朴に、事例報告で取り上げられた患者とのあいだでトラブルが起きていたという問題があると思います。私が知っている、某有名精神科医で、二〇年ほど前に患者の物語に関する本をたくさん書かれていた方がいたのですが、少しそれが行きすぎて、トラブルになってしまった例を聞いたことがあります。私自身、以前から個別のケースは意識してあまり書いてきませんでしたし、同世代の人でもケースを多く書いている人はほとんどいない印象です。学会レベルでも「たとえ匿名であっても当事者の許諾を得るべし」というルールが厳しくなったこととの影響もあるでしょう。しっかりした事例ストーリーを紹介してくれるのは、東畑さんをはじめ、ごく限られた著者という状況なのではないでしょうか。

東畑　僕ももちろん事例をそのまま書くことはなくて、すべて創作です。断片を煮込んで、原形を留めない形で書いています。そういう意味では、いま、臨床家が物語を書こうとすると、なんらかの文学的な想像力に頼らなければいけません。

そう考えると、むしろ、当事者こそが、ここ一〇年、二〇年で物語ることの主体になったように思います。そこには「物語の共同体」があるように思うんですよね。例えば、典型的なのは俳優の高知東生《たかちのぼる》さんです。覚醒剤と大麻の所持で逮捕され服役したあと、メディアに積極的に登場して、自身が薬物依存に陥って、そして回復してきた物語を、熱心に語られていますよね。そのように物語を提示することで、同じように苦しんでいる人たちとつながることが目指されているのが大事なところです。それはコミュニティを志向した物語と言ってもいいかもしれません。

斎藤　たしかに依存症臨床こそ、当事者の物語が最も歓迎されている領域かもしれません。高知さんのほかにも、アルコール依存症を経験した渡邊洋次郎さんという方が積極的に講演活動をされていますし、ギャンブル依存症の当事者のあいだでも、田中紀子さんをはじめ、多くの経験者、当事者のストーリーが広く共有されています。

東畑　『ツレがうつになりまして。』（細川貂々《てんてん》、幻冬舎、二〇〇六年［幻冬舎文庫、二〇〇九年］）もそうで、コミックでもたくさんの当事者の物語が生まれています。専門家の世界で物語が失われていったときに、当事者のあいだで〝物語運動〟とでもいうべきものが勃興しているような印象があります。

もう一つ、臨床家が物語を語らなくなった背景には、心理療法が前提としている物語が社会のなかで支持されなくなっていることもある気がします。先日、『街とその不確かな壁』を読んでいた心理士仲間と感想を喋っていたのですが、そのなかの一人が、この小説をエリクソンの発達段階論にあてはめて読んでいたんです。つまり、村上春樹の作品では、これまでずっと親密性（インティマシー）が主題になっていて『街とその不確かな壁』も親密性の問題から始まっているのだけれど、その後「イエロー・サブマリンの少年」に自分の仕事を継承していくという世代継承性（ジェネラティヴィティー）の問題に移行したというわけです。だから彼女は、半分冗談で「村上春樹、発達したなあ」と言っていました（笑）。

斎藤　七〇すぎて「発達した」ですか（笑）。

東畑　この読みを知って、一人で読んだときよりもいろいろな筋が見えて面白かったのですが、一方でエリクソンの発達段階自体、完全に〝男の物語〟ですよね。母親から離れて、自己を確立し、誰かとつながり、子供をつくって継承していくという家父長制的なモデルです。ギリガンが『もうひとつの声で』で批判したように、「発達」という心理学的概念にはそういう男の物語が埋め込まれています。心理療法は個別の物語を大事にすると言いながら、実はお決まりの物語をすでに用意していて、それは一つ前の社会のための物語で、現代においては抑圧的に機能しやすいものなんじゃないか。精神分析にせよ、ユング心理学にせよ、認知行動療法にせよ、どんな人間が健康で、どのように生きるのがいいのかに関して、かなり強い価値観がある。僕自身はそれは役に立つとき「も」あると考えてはいるのですが、しかし臨床家が社会に向けてストレートに物語ることはやはり難しい時代なのではないかと思うんです。

斎藤　私の物語論への違和感も、まさにその部分に集中しているように思います。回復にしても成長にしても、すでに物語の強い定型がありクリシェがある。その意味で物語は、解放と同じくらい抑圧をもたらすという両義性があるように思うんですね。

村上春樹の話に戻ると、そもそもの読みの問題として、この小説が世代継承の物語なのかについては、疑問がないわけではありません。例えば、壁の内側に入るときに、目を傷つけなければと入れないという条件がある。これは、壁のなかに入っていくことが積極的なことであるとは限らないということですよね。ですので、私が読む限りでは、家父長制的な継承の物語という印象は持ちませんでした。

村上春樹の作品全体を見ても、成長の物語はあまり描かれないですよね。それこそ変化のプロセスは書くけれど、ストーリーが終わったときにより十全な人格が完成しているというベタなビルドゥンクスロマン（教養小説）とは距離があるような気がしています。

東畑　まさにそのビルドゥンクスロマンが問題だと思うんですよ。これまでの臨床的物語論の歴史は、基本的にはビルドゥンクスロマンを語り直してきた歴史だと言ってもよいのではないか。

斎藤　そのビルドゥンクスロマンで描かれる「成熟」が、いま価値を持っているのかということですよね。

東畑　そこなんですよ。

斎藤　成熟の価値はいま、明らかに低落しています。私が以前から言っていることですが、社会の成熟度と個人の成熟度は反比例する。個人が早期に成熟する社会は、だいたいが発展途上地域です。一〇代で結婚したり兵役に駆り出されたりということがふつうで、否応なしに成熟させられてしまうところがある。逆に、G7に列するような成熟した社会では、どこでも若者は未成熟化している。教育期間が延びて、大学院まで進学するのがふつうになってきていますし、いまIT業界で才能を発揮している人の多くは、むしろ未成熟さを売りにしていますよね。ジョブスの言葉"Stay hungry, stay foolish"が象徴的です。ハングリーと愚かさは若者の特権ですからね。そう考えると、いまは成熟すること自体が難しいですし、そもそも成熟に価値があるのだろうかという疑問が湧いてきます。

この成熟の価値への疑問が、物語が語りづらくなった理由の一つであるのはたしかです。昔ほどビルドゥンクスロマンは書かれなくなりましたし、もっと言えば、ゼロ年代以降、文芸のみならず映画にしてもマンガやアニメなどのサブカル領域にしてもビルドゥンクスロマンは著しい凋落傾向です。サブカルで言えばいわゆる「セカイ系」が典型ですが、すごい奴は最初からすごい。もう修行とかしないんですね。『鬼滅の刃』(吾峠呼世晴、集英社、二〇一六−二〇年)では主人公の修行シーンは新鮮でしたが、炭治郎は、戦闘技術は高まるけど人格は成熟しませんね(笑)。

東畑 ちなみに、臨床を行うなかで、成熟の価値を感じることはありませんか。

斎藤 先ほどおっしゃっていた、心の自由度が上がったり、可動域が広がったりといったことを成熟と呼ぶのであれば、もちろん価値は感じます。ただ、それが円満な人格を獲得するという旧来の意味での成熟と同じことかといわれると、やや違う感じがするんですよね。どちらかといえば「スキルアップ」という印象です。

東畑 メラニー・クラインの理論に、妄想分裂ポジションと抑うつポジションという概念があります。これは、敵か味方かしか存在しない世界から、そのあいだのグレーゾーンも受け入れられるような世界に移行していくということなのですが、これもやはり、成熟を強く意識したモデルですよね。現在の精神分析で、フロイトよりもメラニー・クラインのほうが優勢なのは、この成熟モデルを採用すると、治療者にとってクライエントの変化が実感しやすく、説得力があるからだと思います。

斎藤　ただ、クラインの理論ではスプリッティング（分裂）状況が病気――境界性パーソナリティ障害[7]とか――とみなされています。そのため、成熟して抑うつポジションになったというより、病気が治ったと考えられるわけですよね。つまり私の言い方だと、治りはするけれど成熟はしないといったところでしょうか。

東畑　ああ、だから僕は治癒というものと成熟が重なっているところに心の臨床の特異性があると思っているんです。それは道徳的なことの心理学化ともいえると思います。それゆえに、心理学理論は常に相対化されないといけないと思うわけです。道徳は薬にもなれば、毒にもなりますから。

斎藤　そうですね。うつ病治療にＳＳＲＩ（選択的セロトニン再取り込み阻害薬）が導入されて以降、内向性やシャイネスがすべて病気とみなされたこととも近いですが、スプリッティングはいまやボーダーライン（境界性パーソナリティ障害）の占有物のようになってきたのかもしれません。

HIJK…「A」！

東畑　映画や小説といった物語のなかで、心がどう描かれているかも気になるところです。斎藤さんは以前、ハリウッド映画が、一九九〇年代の心理主義化した時代にトラウマ物語に席巻されてしまったことの弊害を指摘されていましたね。

斎藤　この時代の作品は、悲惨なトラウマ経験をした人がモンスターになって凶悪犯罪を犯す、というように、図式化されすぎていました。ハリウッドでこのパターンに先鞭をつけたのは『ランボー』（テッド・コッチェフ監督、一九八二年）です。途中まではとても痛快なB級作品なのですが、最後の最後で怪物だったはずのランボーがベトナム戦争でのトラウマ体験を泣きながら告白する。本当にがっかりですよ。こんなオチでは、B級どころか、ダメなA級作品です。

これ以後、『プラトーン』（オリバー・ストーン監督、一九八六年）にしても、『フォレス

7　第一章の註4を参照。

ト・ガンプ 一期一会』（ロバート・ゼメキス監督、一九九四年）にしても、本当にトラウマ一色になってしまったんですよね。なかには良質な作品もないわけではありませんが、だいたいはつまらないほうに傾きがちです。

一番がっかりしたのは『羊たちの沈黙』（ジョナサン・デミ監督、一九九一年）です。レクター博士は、根拠なき悪として素晴らしい存在感を発揮していましたが、続編の原作である『ハンニバル』（トマス・ハリス、高見浩訳、新潮文庫、二〇〇〇年）では、実は戦争で敵兵に妹を食われたトラウマでモンスターと化したという「物語」が出てきます。そのがっかり感たるや半端ではなかった。モンスターには根拠を与えたらダメなんです。私のレクターを返せと言いたいです（笑）。

日本の小説でも、東野圭吾さんの『白夜行』（集英社、一九九九年［集英社文庫、二〇〇二年］）や天童荒太さんの『永遠の仔』（幻冬舎、一九九九年［幻冬舎文庫、二〇〇四年］）がこうした心理主義化の潮流のなかに位置づけられるかもしれません。

この流れを終わらせたのがクリストファー・ノーラン監督の『ダークナイト』（二〇〇八年）です。ジョーカーは口元の切り裂かれたような傷跡について、その都度いろいろな由来を他人に語って聞かせます。つまり、彼の悪には根拠がない。その点で、この映画は心理主義のパロディなんです。この作品以降、トラウマを扱った作品は本当に減りましたね。

東畑　斎藤さんが映画を評価する基準は面白いか、面白くないかなんですね。

斎藤　いえ、図式的かどうかです。例えば、バーブラ・ストライサンドが監督した『サウス・キャロライナ　愛と追憶の彼方』（一九九一年）という映画がありますが、この作品はストライサンドが俗流心理学書を山ほど読んでつくったそうです。こういう作品は、本当につまらない。つまり図式的なんですよね。映画でトラウマを扱うなら、デタラメでもいいから自己流の心理学を展開してほしい。そちらのほうがずっと面白くなります。その最高傑作が黒沢清監督の『CURE』（一九九七年）。この映画に出てくる精神医学の知識はだいたいがデタラメなのですが、だからこそホラー史にその名を刻む傑作たりえています。

東畑　面白さの基準を、出来合いのものではなくオリジナルであるかどうかに置いている。

斎藤　図式的ではないというところにこそストーリーの価値がある、というのが私の持論です。精神医学や心理学の知識が枠組みとしてあると、どの作品も、図式化してカチカチに硬直してしまう。おそらくそれがつまらない原因です。むしろそれに縛られずに「俺様の考えた心理学で行けるんだ」と決めてつくられたものは、自由度が格段に上がります。この作品ノーランの作品で例を挙げると『インセプション』（二〇一〇年）がそうですね。この作品も夢解釈としてはデタラメです。何しろ、夢が階層構造になっていて、それぞれの時間の流れが違うというありえない設定になっているわけですから。こういったデタラメな世界のほうが面白くなるというのは、ほとんど原則と言っていいと思います。

東畑　僕は映画を観るより小説を読むのが好きなのですが、小説の面白さを、最後の四分の一で、グイーンと伸びるか、フニャッと尻つぼみに終わるかで判断してしまう人なんです。クライマックス至上主義者ですね。僕は辻村深月さんの作品が大好きなのですが、彼女の作品は後半でグイーンと昇り続けるんですよ。村上春樹の今回の作品もグイーンと伸びる感じがあって素晴らしかった。それが物語の醍醐味です。この伸びの正体はなんなのでしょう。

斎藤　後半でグイーンと伸びるためには、やはり定型があるとダメなんです。トラウマでオチをつけようとすると、グイーンと行かないんですよ。心理主義的な定型が、物語の自由な進展を阻害するんです。先ほど述べた、定型が抑圧的に作用する典型です。

東畑　ああ、そうですね。この対談の最初のほうで、「遊び」についてふれましたが、遊びが物語の定型を崩します。この点で面白いのがアーレントです。『全体主義の起原』(第三巻〔新版〕、大久保和郎・大島かおり訳、みすず書房、二〇一七年)でイデオロギーはAと言ったら、その後BCDEと続く言葉が決まっていて、最後にZという絶対に言ってはいけない言葉に辿り着いてしまうものだとアーレントは言っています（第一三章およびエピローグ）。言うまでもなくホロコーストのことです。イデオロギーというのは一度組み込まれると逃れることのできない定型なんですね。だけど、アーレント曰く、人間であるとは「はじめる」ことであって、ＨＩＪＫと来ても、そこで突然別の「Ａ！」を言い始めることなんだって言うんですね。これが物語のグイーンの正体の気がしてきました。ＯＰＱＲときてるのに、突然、別のＡが並走し始める。そのことで物語が複雑になり、深くなり、豊かになる。これは臨床でもそうだと思います。別のＡがはじまることで、それまでのＳＴＵＶの配列が変わり、違った質感の物語になる。こういうときに僕は「心がはじまる」感じがするし、それが「心を自由にする仕事」の核心だと思っています。定型を反復するしかなかった不自由な心が、もう一度はじまるわけです。これをマイクル・バリントは“new beginning”といい、中井久夫は「新規まき直し」と訳したわけですが、僕は「はじまりをはじめること」と訳したい気がします。

斎藤　アーレントの物語論は結構共感的に読める気がします。アイザック・ディネーセンを論じた文章（『暗い時代の人々』（阿部齊訳、ちくま学芸文庫、二〇〇五年）に収録）で、物語の機能は、生きる世界の現実が意味を獲得し、耐えられるものになる、すなわち受容できるものになることであるとしています。このあたりはほぼそのまま、ナラティブ・セラピーにおけるトラウマの治療論そのものですね。断片化した記憶であるトラウマを、その人の人生のナラティブに統合することで回復を促すという。言い換えるならアーレントもラカンらと同様に、この現実や歴史的な事実は本来、因果関係で接合できない断片の集積なのであり、物語はそこにかりそめの因果関係や統合を与えるものである、と考えていたのでしょう。

本当の物語は面接室の外で流れている

東畑　定型に関連して言えば、心理士が主人公のマンガって、どうしても定型的になってしまうと感じてしまうんだけど、これは僕が当事者だからなんですかね。

斎藤　精神科医が主人公のマンガも同じです。だいたいどの精神科医も偉そうに「この患者はいずれこうなる」と予言してしまうんですよ。「このエピソードを見落としたから誤診したのだ」とか「この診断でこの処置はありえない」みたいな専門家風を吹かせることが多い。たぶんみんな「精神科医のブラック・ジャック」が読みたいんでしょうけれど。

ああ、でもミルトン・エリクソンの事例とかはマンガ向きかもしれませんね。少し古い「おはなし」として読むぶんには。ついでに言えば精神科医個人、特に分析系の人のライフヒストリーは面白いので人物伝ならいけそうです。ユング、シュピールライン、フロイトの関係を描いた『危険なメソッド』（デヴィッド・クローネンバーグ監督、二〇一一年）なんていう映画もありましたし。あと奇人系で一番面白いのはヴィルヘルム・ライヒで、息子のピーター・ライヒが父の思い出を綴った評伝（*A Book of Dreams.* New York：Harper & Row, 1973）を出しているんですが、それを読んだケイト・ブッシュが「クラウドバスティング」という楽曲をつくったりしている。もはや心理臨床とはなんの関係もない話ですが（笑）。ともあれ、心の臨床にホームズやブラック・ジャックを求めるのは無理がある。

東畑　本当にそうなんですよね。精神科医のブラック・ジャックって想像ができない。奇跡を起こすことを期待されている治療者って、それだけでメンタルヘルス的には健康に良くないというのがあります。そういうとき、僕らの仕事は期待を現実サイズにまで萎ませるための、ゆっくりした幻滅の時間をともにすることです。まあでも、僕たちの仕事が奇跡を期待されやすいというのはあるのでしょうね。それでマンガにしようとすると、ステレオタイプ的になる。

斎藤　心理士や精神科医の作品を描くのは特に難しいと思います。心臓外科医のように、即物的なベースがある仕事を扱った医療マンガには傑作が多いのですが。ところが、私たちの仕事には基本的に、そういったよりどころがない。マンガという表現にはある種の唯物論性があって、心理を描くにも台詞のほかにキャラの表情や漫符や効果線といった即物的な媒介が必要です。だから面白いマンガほど、因果律もシンプルだったりします。「こうなるかもしれないが、実際はよくわからない」では全然ダメで、天才的な心理士なり医師なりが「こいつはこうなる」とか「こんなことは起こりえない」と言って、そのとおりになるというのが面白いわけです。そういう展開に持ち込むためには、心理や精神医学は一番向かない領域ではないでしょうか。唯物論的な「絶対」や「限界」が乏しいせいもあるでしょう。

東畑　カウンセリングを主題としたマンガの原作の執筆を打診されることがあって、聞くと依頼者としては主人公の見せ場がほしいんですよね。でも、僕らの仕事って、クライマックスと言えるものがない。バシッ！と何かを言って、そこから劇的に心が変わっていくことって本当にない。本当に人が変わるときって、静かに変わるんです。大きな音を立てて、大きく変わろうとしているときって、治療者としては心配になるときです。そういうときもプロセスとしては必要なんだけど、あとから揺り戻しがくるし、そのあとの静かな時間にようやくバランスが少し変わっていくというのが現実です。この仕事をしていて感動するのは、実はこの静かな時間のリアリティであって、そこに「人間はやはり変わるんだ」という実感を抱くのですが、それをマンガにした途端、その変化の仕方が嘘くさくなってしまう。

斎藤　そこにマンガ表現の限界があるのかもしれません。まず、キャラクターというもの自体に変化に抗うという性質があります。それから、繰り返しますが、マンガにはある程度、決め台詞といった断定的な要素が必要ですが、それはむしろ私たちが一番回避すべきものです。

東畑　カウンセリングって見せ場がないんですよね。カウンセリングでは、僕のほうでも悩みながらいろいろと試行錯誤するわけですが、最後終結する際に「カウンセリングを受けてどうでしたか」と聞くと、「黙って話を聞いてくれたので、本当に助かりました」とよく言われます。そういうときには「俺、結構いろいろやったけどなあ」と思うことがあります（笑）。

斎藤　だいたいそうですよね。見返りを求めたらダメなんですよ（笑）。

東畑　心理士の側からすれば、その試行錯誤の一瞬一瞬で本気を出しているので、それが見せ場のように思える。けれど、クライエントのほうからすると、カウンセリングは生き延びるための小道具の一つにすぎないわけです。実は、本当の物語は面接室以外のところで、静かに流れている。夜寝ているあいだとかもそうですね。だから、ちゃんと眠れるのは大事です。

斎藤　逆に言うと、「あのとき先生がおっしゃったあの言葉に救われました」などと言われて美談になってしまうとまずい。いまおっしゃったように、本質的な変化は面接と面接のあいだで、ゆっくりと静かに起きるものです。水のごとき淡いカウンセリングくらいがちょうどいいのではないでしょうか。

東畑　それは、心理士が受ける教育分析にも言えるかもしれません。教育分析では、僕ら自身が治療者のところに行ってセラピーを受けます。しかし、周りに聞くと、分析が終わったあとになされた転移解釈を見せ場として覚えている人ってあまりいませんでしたね。これは僕の友達の例ですが、連れ合いがもうじき出産する予定だと分析家に話したら、君も絶対に立ち会ったほうがいいと言われた。そのことを覚えているというんです。非常に素人くさい助言ですが、むしろそういった人間味のあることが頭に残るという面があるのかもしれません。

これからの物語論に向けて

東畑　僕は根源的には心の臨床は物語の仕事であると思っています。心は科学的なものでもあるし、社会的なものでもあり、工学的に扱われるものでもあるけど、やっぱり文学的なもので「も」あるという立場の人間です。長い長い物語が話されるところに「個人」というものがようやく浮かび上がると思うからです。だから、心理療法は文学を手放してはいけないと思っています。ただし、昔のように素朴に「物語ろう！」と言うことはできなくて、物語以前にやるべきことがたくさんあるし、物語ることで悪しきことが起きることも考えないといけないとも思っています。物語はいま大変難しい局面にあるように感じています。そういう葛藤のなかで今日も話をしていたのですが、斎藤さんには、物語が臨床に寄与しているという印象はそれほどないという感じなのかなと思ったのですが、どうでしょう？

斎藤　そうなんです。私自身、物語に対する感度が低いと思っています。本を読んでもストーリーを忘れてしまって、あとで自分の書いたものを読み返して思い出すことが多い。臨床でも、患者の変化をストーリーとして把握することはまれです。むしろ、患者の世界観、つまり世界に対するスタンスがどう変化したのかに着目することが多いので、物語が臨床のなかで完全にゼロだとは言いませんが、少なくとも中心にはない感じがします。

東畑　そういう人が映画評論を執筆しているというのも妙な話ですね（笑）。

斎藤　そうですね（笑）。映画も物語も大好きではあるのですが、あくまで私が見ているのは構造であって、だからこそ起承転結の快にはあまりピンと来ないのかもしれません。

いずれにしてもこの対談をきっかけに、自分なりの物語論を考えてみたくなりました。

東畑　僕は起承転結はすごい好きなんですね。転のグイーンが好きだ。いずれにせよ、物語というものが置かれている心の臨床の現在地について、いろいろと考えさせられました。ありがとうございました。

第四章

社会と臨床

専門性と素人性の振り子

斎藤　東畑さんの新刊『ふつうの相談』（金剛出版、二〇二三年）、言われてみればその通りだけれど、言われるまで気がつかなかったという、コロンブスの卵にも似た驚きがありました。これまでも、さまざまな学派が林立しているという臨床心理学の現状に対して、それらを統合したり、メタ理論をつくっていったりという方向性はありましたが、この本は、ある意味それとは正反対の方向からのアプローチを取っていますよね。土台にあたる「ふつうの相談」の価値を再評価するというスタンスは、ほかに例がありません。

東畑　この本は、この三〇年間の臨床心理学に対するオブジェクションのつもりで書きました。心の臨床の世界って、いろいろな学派があって、それぞれ役に立っている場面や現場は存在しているにもかかわらず、お互いに「全然役に立たない」とか「非現実的だ」とか「まるでカルト」とかと否定し合ってきた歴史があります。難しかったのは、異なる健康観、異なる人間観、異なる世界観を持つものどうしの共存であり、建設的な議論です。いわば、複数の宗教がどうやって一緒に居られるのかという問題ですね。これに対して、ポール・L・ワクテルの統合的心理療法のように、精神分析と行動療法をよりメタな次元で理論的に統合しようという努力はなされてきました。ただ、これは案外システマティックで無味乾燥とした言葉になりがちでしたし、そもそもメタ理論そのものが別の宗教として立ち上がり、新しい対立が生じるという帰結になりがちでした。

ですから、『野の医者は笑う――心の治療とは何か？』（誠信書房、二〇一五年［文春文庫、二〇二三年］）の頃から、僕はちょっと違う戦略でやってきました。いろいろな心理療法や支援に共通する構造を人類学的に取り出す戦略です。そうすると、友達や先生に相談するというようなある種の素人的営みが心理療法の原型として見えてきます。そこから出発して、医者の診察やソーシャルワーカーのケースワーク、あるいは宗教団体の会合なども視野に入れた心理療法論ができるんじゃないかなと思ったわけです。

これは実は、開業心理療法家として臨床をしていて普段感じていることからきています。もちろん若い頃は、いわゆる専門書を読んで、精神分析理論などのいろんな概念を学んで、いままでわからなかったものが読み解けるようになることの面白さに夢中になっていました。ですが、町の心理士をしていて、例えばクライエントが転職で悩んでいるときに、必要になるのは問題を心理学によって読み解くこと以上に、その人の業界で転職がどれくらいリスキーであり、どれくらいの可能性があるかについての理解だったりします。出版業界だったら転職がふつうだったりするけど、信用金庫だと違ったりするかもしれませんよね、いやすいませせん、信用金庫のことはよく知らないのですが（笑）。つまり、そういうローカルな社会的知識をもとに、「ふつうの相談」をする。もちろん、それ以上の専門性が求められるケースも多々あるのは事実ですが、誰かと一緒に生活や人生について考えること、これが僕らの仕事の根本だと思うんですよね。精神科医もそうですよね。四谷なら四谷の、王子なら王子の精神科クリニックがあって、地域の人の生活をよく知っているからこそできる精神療法がある。さまざまな援助職はみな、実のところ、まずこの「ふつうの相談」をしているのではないかと思っているのですが、いかがでしょうか。

斎藤　その意見には、精神療法志向の精神科医を含めて、ほとんどの心理療法家が同意するのではないでしょうか。これは心理業界だけに限ったことではなくて、例えば企業でも、いまは1on1といって毎週上司と三〇分ほど話すのが一般的になってきています。社会全体の流れが「ふつうの相談」のほうに進んでいくような兆しを感じるんです。

私自身の専門はひきこもりですが、面接場面では結局は雑談をして終わりということがよくあります。もはや相談ですらないんですよね。たぶん心理士と一番違うのは、医者の場合は中井久夫さんがよくやっていたように、血圧を測ったり脈をとったりという身体の診察をとっかかりにして、体調や睡眠の状態を訊ねたりする。まあ通り一遍の問診ですが、困りごとを聞く以上にそうしたルーチンに時間をかけたりする。なんのためかと言えば、これは「治療関係のメンテナンス」なんですね。一種の毛づくろいです。だから患者さんには必ずしも相談ニーズがなくても、なんとなく予約どおりに受診してしまう。そういう関係性を続けていくなかで、こちらの意図や予想を超えた変化がやってくるのを漠然と待ち受ける。河合隼雄さんの言葉として知られる「何もしないことに全力を尽くす」という感じに近いかもしれません。こういうメンテナンス作業も、「ふつうの相談」の一角をなしているように思います。

東畑　そうだと思います、ケアとはまさにつながりながら、そのつながりをメンテナンスし続けることでもある。僕は最近、企業の管理職の方への研修をする機会が増えています。社員一人一人に心理士が専門的なカウンセリングをするのではなく、管理職の人向けに、どういうふうにしたら部下を適切にケアできるかについて研修をしているんです。これはまさに企業のなかでつながりをメンテナンスするための試みです。「ふつうの相談」を可能にするための相談と言ってもいい。スクールカウンセラーの仕事の多くもそうです。保護者や教師が子どもに対するふつうの相談をできるようになるために、裏方としてバックアップする。ふつうの相談のためのふつうの相談。こういう無限後退していくケアの連鎖が重要だと最近とみに思います。

斎藤　ところで、前回の対談（第三章を参照）では、東畑さんは、クライエントによっては「心を自由にする仕事」、すなわち、より専門的で深い心理療法もされるとおっしゃっていましたよね。

東畑　はい。「心を可能にする仕事」と「心を自由にする仕事」、そういう枠組みで最近自分の臨床を考えています。前者は「生存」を価値とし、後者は「実存」を価値とする。『居るのはつらいよ――ケアとセラピーについての覚書』（医学書院、二〇一九年）では「ケア」と「セラピー」という言葉で考えていたのですが、結局僕はずっとある種の二分法を補助線として精緻にしていくということをやっているように思います。

実存の問題は一九八〇年代、一九九〇年代くらいまでは、臨床心理学のメインターゲットだったと思うのですが、最近はメンタルヘルスの世界からほとんど消えてしまいました。いわば「実存より生存」の時代です。これは社会が貧しくなり、生存のリスクがあまりに高まっているという背景があるように思います。ただ、それでも、生存は可能なのだが、どうしても実存が問題になるクライエントもいて、そのような人といわゆる精神分析的心理療法に取り組んでいます。深層を扱うセラピーです。実は、次の本ではむしろそちらのことを書こうとしているんです。

斎藤　今度は「ふつうじゃない相談」ですか（笑）。私がクリニックで会っている患者さんたちのほとんどは、「実存よりも生存」もしくは「実存よりも承認」の問題を訴える方です。実存、つまり生きる意味を知りたいというよりも、どうすれば自分を承認できるか、という悩みですね。悩みに優劣はつけられませんし、実存や深層の悩みを贅沢だとか言いたいわけではありませんが、それがメインに来る人は明らかに減っていますよね。ところで次の本を構想中とのことですが、いわゆる精神分析やユング派の専門書とは違うものになりそうですね。

東畑　そうですね。強いて言えば、人文的な言葉で心理療法を語り直す試みということになるかもしれません。こうした試み自体、三〇年近く行われてきませんでした。一九九〇年代には雑誌『イマーゴ』（青土社、一九九〇－九六年）に代表されるように、精神分析や心理学の専門家が一般社会に向けて語りかけ、文化と心理学が手を結んでいた時代がありました。それが、いつのまにかそういった風潮はなくなっていて、専門家は専門家向けの専門書ばかりを書くようになり、マーケットには当事者向けのセルフヘルプ本ばかりが並ぶという断絶した状況が生まれました。もちろん、それはそれで大切なのですが、専門家と当事者しか、心に関心がなくなったようにも見え、寂しく思ったりもします。本当は、専門家でも当事者でもないのだけど、知的な関心として心に興味を持つ読者層がいるように思います。斎藤さんはそういう書き物をされてきたこの一〇年で数少ない著者かもしれません。僕自身は専門家向けの本も、当事者向けの本も書いていきたいと思っていますが、やはり心理学をもう一度文化のなかに置けるような楽しい読書のための本を書きたいという気持ちがあります。

斎藤　それはかなり難航しそうですね。おっしゃるように、たしかに昨今は専門家がざっくばらんに心一般を語るような書籍は激減しました。一般向けの書籍ですら、専門的な概念や治療法の解説書ばかりのような印象があります。一九八〇年代から一九九〇年代くらいまでは、精神科医や心理学者が人文知を代表するようなポジションにいられた「幸福な時代」でした。全世界的に心理主義が文化全体を席巻していた。私も若い頃は、いつかは『イマーゴ』に書きたいと思っていた一人でしたし、念願叶って休刊直前の一年間は、ほぼ毎号のように寄稿していました。当時の原稿をまとめたのがデビュー作の『文脈病――ラカン／ベイトソン／マトゥラーナ』（青土社、一九九八年〔新装版、二〇〇一年〕）です。こ の雑誌が当時読まれたのは、心理主義化の風潮があってのことだったはずです。『イマーゴ』に限らず、当時は一般向けの心理学の雑誌がいろいろありました。老舗の『現代のエスプリ』（ぎょうせい、一九六三―二〇一一年）から、伊丹十三が創刊して話題になった精神分析の雑誌『モノンクル』（朝日出版社、一九八一年）、これもすぐ廃刊になった『ら・るな』（地球の子ども舎、一九九五―九六年）とか、ちょっとあとになりますが『プシコ』（冬樹社、二〇〇〇―〇四年／ポプラ社、二〇〇六―〇七年）とか。みんな廃刊してしまって、いま生き残っているのは『こころの科学』（日本評論社、一九八五年―）くらいでしょうか。そういう意味でも心理学は凋落して、ほとんど脳科学に取って代わられてしまいましたからね……。

東畑　僕は当時の雰囲気を直接は知らないのですが、どのような感じでしたか。

斎藤　いまでは考えられないくらい、精神分析や心理学の人気や地位が高かったですね。犯罪に限らず、あらゆる社会事象が心理学的に解釈できると考えられていた。一九八〇年代前半には、うちの教室（筑波大学社会精神保健学研究室）の教授だった小田晋《すすむ》さんがテレビ朝日の「トゥナイト」という夜のワイドショーに毎週のように出演して、さまざまな事件の犯人のプロファイリングをしていたのですが、本人のキャラもあいまって、かなり受けていました。以来、凶悪事件が起きると、きまって精神科医がコメントするという風潮が定着しましたね。当然、河合隼雄さんや小此木啓吾さんも精力的に執筆活動をしていましたし、ラカン派が台頭してきてさかんに社会事象の分析を行っていたのもこの頃です。

テレビ番組「それいけ!! ココロジー」のような俗流心理学から、ビオンやラカンのハイブロー な精神分析まで、大衆を巻き込んでの一大ブームといった様相を呈していました。

東畑 この流れはいつ頃から変わってきたのでしょうか。

斎藤 体感としては二〇〇〇年代に入ってからですかね。その一つの背景としては、先ほど申し上げたように、茂木健一郎さんに代表されるような脳科学ブームがありました。ただしこの脳科学ブームは、心を脳に置き換えただけで心理主義ブームと実質的には変わらないものだとは思いますが。ともあれ、この時代になるとタイトルに「脳」とつけないと誰も読んでくれなくなってしまった。

世俗レベルで言うと、一九九〇年代まではまだ残っていた自分探しブームが、二〇〇〇年代以降、承認ブームに席巻されてほとんど雲散霧消してしまいました。いま人々の関心は「自分がどう社会から認めてもらえるか」にあって、自分自身の「実存」にはあまり興味がない。昨年『「自傷的自己愛」の精神分析』(角川新書、二〇二二年)という本を出版しましたが、自分を嫌いおとしめがちな人は、あんがい自分を深掘りしようとはしないんですよね。自分自身に「ダメなキャラ」というテンプレを押しつけて、だからどうしようもないんだと結論づけてしまうんです。そこを深掘りしてトラウマや葛藤を探り当てるツールとして強力だったはずの心理学や精神分析への期待は、ほぼ消滅してしまいました。精神医療の世界でも、人文系の精神科医がほとんどいなくなり、おおかた生物学寄りです。哲学や人文系の研究者でさえ深さの次元は消えたような印象を持っています。

発達障害・依存症・ひきこもり

東畑　僕は一九九〇年代の河合隼雄の香りに憧れて二〇〇〇年代に大学に入ったので、ちょうど心理学が〝ダサい〟ものになっていった時期に、自分のキャリアが重なるんです。この変化はどう捉えたらよいのでしょうか。

斎藤　発達障害が心理主義化の衰退に及ぼした影響は無視できないと思います。発達障害は、脳の先天的機能障害という触れ込みで登場したわけですが、そこに頑健なエビデンスやバイオマーカーが存在しないにもかかわらず、「そういうもの」として受け入れられてしまっています。その結果、脳の病気である以上、心理を深掘りしても仕方がないということになった。奇異な行動が見られても、パーソナリティを解釈するのではなく、発達特性の問題と考えることがスタンダードになってきました。

私たち臨床医にとって発達障害以上にインパクトが大きかったのは、依存症臨床の変質でした。松本俊彦先生が海外の依存症臨床の現場を紹介してくれて、これがスタンダードとして定着した。そこでかつての認識が大きく変わったんですよね。特に、犯罪視することがかえって依存症に有害な影響を及ぼすとか、つながりがないと依存症が悪化していくといった知見は画期的でした。

依存症臨床は、医者の専門性がほとんど生かされない領域なんです。治療よりも家族会や自助グループのほうが重要で、医者は身体管理だけしていればいい。「ふつうの相談」しかすることがないんですよね。私の専門のひきこもりも同じで、彼らは、治療プログラムと言っただけで引いてしまう。「俺をモルモット扱いするのか」と必ず言われますからね。そうすると、本当に雑談しかできないんですよ。

発達障害、依存症、ひきこもりといった問題は、本来なら精神医療の王道ではなくて、むしろ周縁領域だったんです。それらの比重が非常に高まったことで、精神科医の側にも「ふつうの相談」ムーブメントが来ているし、これからももっと来るような気がします。

東畑　それはつまり、「孤独は健康に悪い」という非常に素朴なところに戻ってきているということですね。

斎藤　その通りです。精神科医はもともと、身体医学を範として、例えば外科医や内科医のありようを理想として、いかに自分自身が医者らしく見えるかに心を砕いてきたという経緯があります。感染症が典型的ですが、身体医学には、原因があって結果があるという非常にシンプルなモデルがあって、それを真似て、まずしっかり診断を行ってから治療に当たるというスタイルに固執する人もいます。フーコーがつとに指摘しているように、精神病理と身体病理を同一視することが、隔離や拘束、スティグマといった現代のさまざまな問題に帰結しているにもかかわらず、です。

ところが、気がついたら、みな病因論抜きでケアに取り組んでいるという状況になっていた。ひきこもりは、そもそも病気ですらないという認識ですから、もちろん病因も存在しない。発達障害についても、脳の機能障害というのはいわばお約束のようなもので、実質的にはほとんど病態解明が進んでいませんし、機能障害などの定量的基準も事実上ないに等しい。依存症に至っては、病因論がほとんど社会的なものに還元されつつあるような状況です。つまり、発達障害、ひきこもり、依存症の臨床が、精緻な病因論、切れ味の良い薬物療法、洗練された治療プログラムといったもの抜きでも、「ふつうの相談」や「ふつうのケア」で十分に対応できるという領域を一気に拡張したように見えるのです。

東畑　『ふつうの相談』という本も、まさにこうした時代の変化のなかで生まれたものと言えるかもしれません。心理的メカニズムを踏まえて、それを変更しようと専門的な介入を行うことよりも、もっと素朴に周囲の人とのあいだでつながりが生まれることのほうに価値を置く。実際、地域で働いている心理士の方と話していると、彼らはもはや心の専門家ではなく、つながりの専門家であることを求められているように感じます。もちろん異常心理学に基づいてアセスメントをすることはいまでも心理士の役割として求められてはいますが、介入としては、ケースワークや見守りの体制づくりのように、人々のつながりを回復していくことが仕事になっている。まさにこうした心理の世界の現実に言葉を合わせていくなかで書かれたのが『ふつうの相談』なんです。

斎藤　前回の対談（第三章を参照）でおっしゃったところの「心を可能にする仕事」が主流になりつつあって、極論かもしれませんが、つながりさえ回復できれば心のことはなんとでもなるということですね。事実が先にあったとはいえ、それに気づいて言語化したという点で『ふつうの相談』は画期的だったと言えるのかもしれません。

私自身も、オープンダイアローグ（以下、ＯＤ）を始めて以来、それと重なることを考えています。はっきり言って、ふつうにしゃべっているだけで統合失調症が治ってしまうなら、三〇年間も精神医学を学んできたことの意味はなんだったんだろうと自問せざるをえません。かつて東京大学出版会から「分裂病の精神病理」（一九七二－八七年）が一六巻も刊行され、それなりに熱心に読まれていたわけですが、そうした精神病理学の営々たる蓄積はなんのためだったのか、という話になりかねない。言うまでもなく生物学的病因論を追求してきた立場も無傷では済まされません。ただ、「学び落とし」という言葉がありますが、いったん深く学んでから全部忘れることにも意味があるとは思います。あるところまでは深く学んだうえで、それを抑えていく。私は以前から「理論は過激に、臨床は素朴に」という自己スローガンを掲げてきましたが、そういった姿勢が望ましいのかなと思っています。

発達障害ブームの「正」の遺産

東畑　ちなみに、先ほど言及があった発達障害については、その後、合理的配慮の普及につながっていくという面も見逃せません。つまり、発達障害の理解が広がるなかで、社会の側が変わっていくという側面ですね。

斎藤　そうなんです。心を深掘りすることがダサいとみなされるようになったという悪い面ばかりでなく、良い面もあったんです。北中淳子さんが指摘していた[1]「うつ病人口が急増したことで、精神障害者に対する偏見が緩和された」といった変化に、「発達障害バブル」が拍車をかけた感があります。私自身、学校や職場のありようは発達障害に基準を合

1　『うつの医療人類学』（日本評論社、二〇一四年）を参照。

わせたほうが、定型発達者にとっても生きやすい世の中になるのではないかと思っています。

東畑 心理主義化ブームそのものは去ったけれど、社会はますますメンタルヘルスに敏感になっているというのはあるように思います。社会学にはセラピー文化論という領域があって、セラピーとか心理学に関する用語が行き渡っていくと、社会がどのように変わるのかに関する研究がなされてきました。僕が最近読んだ社会学者・小池靖さんの『心理療法が宗教になるとき――セラピーとスピリチュアリティをめぐる社会学』（立教大学出版会、二〇二三年）という本では、米国で被害と加害が大きな社会問題として扱われるようになった背景には、セラピー文化の浸透があったと書かれていました。つまり、心理的なダメージが、きちんと社会的な問題として扱われるようになったということです。

斎藤 最近盛り上がった #MeToo 運動にしても、ジャニーズ事務所（当時）の性加害問題の語られ方を見ていても、加害者叩きと同時に、どのように語れば二次被害を避けられるのかという議論が一般的なレベルでなされていますが、それ自体、かなり特異なことです。トラウマインフォームド・ケアに近いところがある。かつての心理主義が「特異な個人の特異なトラウマ」に照準していたとすれば、現代は「誰もがトラウマを抱えている」という前提が自然に共有されつつある。いじめ、ハラスメント、虐待、DVなどの被害が語られやすくなったこととも関係があるかもしれません。ちなみに男女雇用機会均等法が改正されて「女性労働者に対するセクシュアルハラスメント防止のための配慮義務」が盛り込まれたのが一九九九年、児童虐待防止法が二〇〇〇年、DV防止法が二〇〇一年から公布されています。二〇〇〇年前後、つまり心理主義が退潮していく端境期に、トラウマ的な加害行為の禁止が一気に法制化されたのは興味深いですね。いずれも心理主義化のポジティブな遺産という側面があるかと思います。

東畑　例えばR・N・ベラーの『心の習慣――アメリカ個人主義のゆくえ』（リチャード・マドセンほかとの共著、島薗進・中村圭志訳、みすず書房、一九九一年）が代表的ですが、心理主義化はこれまで、コミュニティを破壊して個人を孤立させる文化であるという批判を浴びてきました。日本臨床心理学会の改革運動や小沢牧子さんの『「心の専門家」はいらない』（新書y、二〇〇二年）もそうですね。ですが、歴史というものは皮肉で、心理主義化によって、むしろ個人に対する社会の配慮が増えるという結果があった。

斎藤　その通りだと思います。いまや、自然災害が発生すれば必ず心のケアにあたるチームが派遣されるようになっていますが、これも阪神・淡路大震災以降に主流になったカルチャーでもあります。ここにもプラスの要素が残されていると言えますね。

東畑　今度、心理臨床学会で阪神・淡路大震災の振り返りをやろうと思って、いま企画を進めています。一九九五年の大震災は、心理士という仕事が社会に普及して最初の大災害でした。ですから、心のケアということで多くの心理士が支援に入ったんですね。ただ、このとき、心理士はかなり葛藤したんです。専門的な心の支援をしっかりやろうという自分と、水を運んだり、トイレ掃除をしたりというような素人的で現実的な支援をしたほうがいいという自分との葛藤です。このテーマをめぐって侃侃諤諤議論されていたことが、当時発行されていた「臨床心理士の被災地での活動について考える会」のニュースレター[2]を読むとわかります。その後の流れは、トラウマを深掘りする専門的な支援よりも前に、まずはふつうに暮らせるように支援するという方向が大事だとなりました。第一回公認心理師試験の一問目がサイコロジカル・ファーストエイド[3]であったのは象徴的です。こういうことをきちんと先輩たちが議論してきたのは素晴らしいことですし、この学問の成熟を感じます。

斎藤　そもそも、専門的なことをしようと意気込んでいた心理士には被災地で仕事があったのでしょうか。東日本大震災のときにも「心のケアをします！」と言っても、「間に合ってます」と追い返されてしまうという話がありましたよね。災害直後は本当にそれどころではないですから。トラウマが問題となるのは、とりあえず仮設住宅などに落ち着いて、生活基盤が安定化し始める頃から、つまり被災から早くても数ヶ月後じゃないでしょうか。

東畑　トラウマについての理解を持って、安心できる環境を整えていくのが実際の専門家たちの仕事ですし、心のケアですね。直接話をすることだけが心のケアじゃない、ということだと思います。むしろ、当時被災地に入った心理士は、避難所の自治会と折衝して、良い関係を持つことが最も重要な仕事であったとも書いていました。心のケアを可能にするための環境づくりとしての小さな政治と言ってもいいでしょう。

ただし、震災から時間が経ってから、さまざまな専門的な介入が役に立つということはあります。面白いのは、岩手の臨床心理士会に講演に行ったときに現地の心理士たちから聞いた話です。岩手県の沿岸部で心理士たちが被災地支援として心理教育を行うんですね。ストレスをどのように扱うかみたいな初歩的な内容だったようですが、地域の人を集めて授業をするわけです。もちろん、表向きの目標は住民がセルフケアをできるようになることなのですが、実はそれ以上に重要なのが、住民みんなを集めてやるから、自ずとコ

2　このニュースレターは現在、ウェブ上で読むことができる。https://sites.google.com/view/kangaerukai1995?usp=sharing（最終閲覧日：二〇二三年一〇月一八日）

3　大規模な災害や事故が発生したあとの心理的支援の方法に関するガイドライン。世界保健機関（ＷＨＯ）版のものや米国版のものが邦訳されている。

ミュニティができるという面だったそうです。ここにもつながりをつくることが、心のケアになるという実践が見て取れますね。

斎藤　心理教育をしようと思って行ったら、図らずもつながりができてしまったということですね。私も被災地ボランティアでは、いきなり傾聴とかはしないで、まず血圧を測って回りました。そうやって関係性が生まれると、一気に話したいことがあふれてくる人が多かった。少し違いますが、本当の目的を達成するためにあえて別の角度からアプローチするという例なら、ひきこもりの世界にもあります。「ひきこもり支援をします」という看板を掲げても、ひきこもりの当事者は来ないんですよ。彼ら自身がセルフスティグマを持っていて「俺はひきこもりじゃない、あんな連中とは違う」などと反発しますから。ところが、別の形式の相談に落とし込むと支援に乗っかってきやすい。その一つはライフプランの相談です。ファイナンシャルプランナーを入れてその人の人生設計をすることは、一見ひきこもり相談とは関係ありませんが、結果としてひきこもり事例の家族関係が修復されたり、本人のケアになったりという思わぬ副産物があるんです。

　貧困支援に取り組んでいる雨宮処凛さんからも似たような例を聞きました。貧困支援をするときに「貧困支援をします」と言っても人は集まらない。そこで佐々木大志郎さんという方は、フードデリバリーで生活している人向けのサービスとして、無料電動自転車のレンタルサービスを始めたそうです。[4]「貧困対策」という看板を掲げないことで、当事者が相談しやすいように敷居を下げている。私はこういう手法を「斜めの支援」と呼んでいますが、ここにも、「ふつうの相談」の価値があるのかもしれない。関係づくりの敷居を下げて、援助希求しやすい文脈をつくっていくという。

心の学問のフロンティアを探して

東畑　話は戻りますが、やはり、僕らの学問はかなり素朴なところに回帰してきている感じがします。いままで心のメカニズムについての非常に精緻な理論を探究してきたけれど、結局のところ、どれだけつながりをつくることに成功しているのかというベタなところに帰ってきている。そのこと自体は現実的で良いことだと思うのですが、一方で僕らの学問にはこれからどのような可能性があるのかという疑問も湧いてきます。

例えば力動系で言えば、精神分析が最もクリエイティブだったのは、ビオンの活躍した

4　「住まいを失っているフードデリバリー従事者へ無料自転車貸し出しプロジェクト」のウェブサイトを参照。https://fooddelivery.toimikke.org/（最終閲覧日：二〇二三年一〇月一八日）

一九七〇年代くらいまでなのではないでしょうか。ユング派にしても、ヒルマンが活躍した一九八〇年代以降は活気が落ちている。その後も自閉症スペクトラム障害についての理論的な発展はありましたが、最近は技法論や治療態度論のほうに議論が集中して、学問が内向きになっているように感じます。広く人間を語るための理論として、閉塞感があるように思うんですね。こういう状態で、果たして心の学問のフロンティアはどこにあるのか、という問いです。

斎藤　影響の大きさから言えば、ACT（Acceptance and Commitment Therapy）などの第三世代の認知行動療法やマインドフルネス、愛着理論などがありますが、理論という点ではメンタライゼーション[5]ではありませんか。

東畑　メンタライゼーションですか、それはあるかもしれない。マインドフルネスもそうですが、「心が心を思うこと」「心で心に気づくこと」という「心を可能にする仕事」における心の側でできることがいまのトレンドかもしれないですね。

斎藤　精神分析の周辺では、ほとんどメンタライゼーションが席巻していると聞いています。メンタライゼーションは、理論としてそれほど深めようがなく、ある意味非常に素朴な概念です。そう考えると、臨床のあらゆる領域でのベタ化の進行は避けられないようにも思えてきます。中井久夫さんの言っていた「浅層心理学」の時代とも言えますね。

東畑　学会も学術団体としてよりも職業団体としての性格が強まっているように思います。理論的な面では最先端の研究テーマが枯渇しているわけです。強いてテーマを挙げるなら、心理学と社会との関わりがどこに向かうのか、といったところでしょうか。ただ、これも研究というより、実践や運動的な側面がかなりあるように思います。

斎藤　当事者研究が最先端になるという傾向もありますよね。最近、綾屋紗月さんの大著『当事者研究の誕生』東京大学出版会、二〇二三年）が出ましたし、英国で生まれたPTMF[6]（パワー・脅威・意味のフレームワーク）というアプローチも、標準化・マニュアル化された当事者研究のようなところがあります。このようなスタンスがますます広がるとみています。

東畑　それで言えば、東京大学には「職域・地域架橋型―価値に基づく支援者育成」という履修証明プログラムがあります。その通称であるTICPOCは、TIがトラウマの存在

5　精神科医のピーター・フォナギーが発案した概念。「心で心を思うこと」とされるように、自己や他者の行動の背景にある精神状態を間主観的に認識することを意味する。一種のメタ認知能力で、この能力を高めることを目的とする治療がMBT（Mentalization-Based Treatment）と呼ばれ、境界性パーソナリティ障害などの治療に用いられている。

6　メアリー・ボイル、ルーシー・ジョンストン『精神科診断に代わるアプローチPTMF――心理的苦悩をとらえるパワー・脅威・意味のフレームワーク』（石原孝二ほか訳、北大路書房、二〇二三年）を参照。

する可能性を熟知したうえでの支援（Trauma-Informed Care）、ＣＰが当事者との共同創造（Co-Production）、ＯＣが組織改革（Organizational Change）を意味しています。当事者や治療者を取り巻く社会的な文脈、つまり「外側」をどう調整していけばよいのかがホットなテーマになっています。

斎藤 そのように心理療法がニュートラルなものになっていくと、クラインマンの説明モデル[7]に基づいて、世界のどこでも応用が利く、とはいえＤＳＭとは一線を画した新しいタイプの対人援助モデルが生まれ、そのなかに心理療法も統合されていく未来が想像できます。

東畑 心の学問というより対人支援の学問という色彩が強まっているんですよね。それはかつての「心の不思議を明らかにする！」みたいな臨床心理学に憧れた僕からすると寂しいことではあるのですが、この仕事が成熟して大人になったということなのかもしれないです。その文脈でいくと、これは怒られそうな気もしますが、臨床心理学の母体が、本当に心理学――知覚や認知を扱う、いわゆる基礎心理学――なのかという疑問が生じます。公認心理師のカリキュラムは基本そういう構成でできているのですが、これは現実と乖離がある気がするんですよね。『ふつうの相談』の最後で「臨床学」という言葉を使いましたが、臨床心理学の上位学問は心理学ではなく、対人援助の学としての臨床学なんじゃないかと思うんです。実際、ソーシャルワーカーや看護師、医師と話していると、ふつうに話が合いますし、臨床についての新しい発見があります。もちろん、認知行動療法は基礎心理学から多くを得ているので、心理学も臨床心理学のインスピレーションの一つだとは思います。それは精神分析が臨床心理学の源泉の一つであるのと同様です。両方ともきちんと学ばれる必要がある。でも、学問的な編成を考えるのならば、僕は対人支援をするさまざまな専門家（例えば学校の教師も含めて）が共有するある種の知を体系化して基礎にできたほうがいいと思うんですね。ただ、そう考えると、対人支援学はもともとベタな学問なので、自ずと臨床心理学もベタなものということになる。それでいいのかどうかは僕はまだわかりません。

付け加えるならば、もちろん、実証的心理学の大学での研究を軽んじているわけではありません。心の臨床はサービスとしての性格を持っているので、それが役に立っていることをマーケットや行政から認めてもらえなければ存続できない。そのためには、社会に対してエビデンスを示していく必要があり、実証的な研究は不可欠です。

7　本書一五七頁以下の東畑の発言を参照。

「ただの素人」と「素人性」のあいだ

東畑　とはいえ、臨床心理学が素朴なものになるというのは、専門家がただの素人に戻るということとは違うと思うんですよね。カウンセリングなんかに行くより、バーのマスターに話を聞いてもらったほうがいいとよく言われますが、だからといって、専門家が素朴な素人性を無視しないことは、ただの素人としてクライエントと接することを指しているわけではないはずです。

僕は『朝日新聞』に三ヶ月に一回、「社会季評」という連載を執筆しているのですが、このコラムでは、新聞読者に向けて一般的な話題を心理士ならではの角度から書くことが求められます。僕なりに、この「心理士ならではの角度」とは何かと突き詰めてみると、それは、健康な人をベースに物事が考えられている世間の常識に対して、具合が悪い人にとって世界はどのように見えているのかによって立ち、そこから社会というものを記述することだと思うんです。つまり、専門家だからこそ蓄積している「具合の悪さについての知」があるのではないかということです。

ですから、「ふつうの相談」をしているときにも、素人性のなかに専門性が生きています。例えば、他人のことがこれだけ怖くなってしまっているのは、統合失調症的な不安があるからなのだろうと理解する。これは、ある種の異常心理学、つまり、ふつうの状態ではない心を理解するという専門的な知です。病理のメカニズムを解明するという意味でのエチオロジー（病因論）ではありませんが、症状の「現象学」が機能している。そういう意味では古典的な精神病理学はいまでも重要な知だと僕は思います。

斎藤　専門知ということで言えば、さまざまな心理療法に共通している最低限のルールがありますよね。カウンセラーは相手を説得しないし議論もしないといったことです。これも、素人性とは言いつつも完全な素人とは違うところだと思っているのですが、いかがでしょうか。

東畑　いわば「倫理」の部分ですね。患者を搾取しないとか、とりあえず相手の話を聞くところから始めるという。ここをともにしている限り、学派が違っても同じ共同体のなかで一緒にいられる、そういった倫理はたしかにあるかもしれません。僕自身も「ふつうの相談」のときは、クライエントを説得することはあっても、説得しきったり、強要したりすることはたしかにない。友達だったら、夜通し説得するにしても、そこには専門家としての一線がある。

斎藤　そのあたりの線引きですよね。素人だったら、「良かれと思って」強要してしまうこともあるでしょう。それをしないというのがベーシックなトレーニングの成果であって、これもある種の専門知と言えるのではないかと思っています。ちなみに『ふつうの相談』に出てくる地球儀[8]では、このような種類の専門知はどこに位置づけられるのでしょうか。

東畑　うーん。たしかにあの地球儀のなかには存在しないかもしれない。

斎藤　でも、心理士であればその点では通じるというようなベースは確実にありますよね。作法、あるいは文化と言ってもいい。私は、東畑さんもそういうベースに基づいて「ふつうの相談」をされているという理解だったのですが。

東畑　その通りです。それが臨床学というものの基礎的な知かもしれません。友達に相談することとまったく同じというわけではない。

原理主義との戦い

斎藤　先ほど話題に上った「倫理」としての専門知ですが、その一つとしてよく引き合いに出されるのが治療的中立性です。例えば、臨床家は感情を出してはいけないとか、プライバシーを開示してはいけないということです。私たちが行っているOD的な対話実践は、その内実は「ふつうの対話」ではあるんですが、いくつかの倫理的原則はあります。「本人不在で話はしない」とか「議論、説得、アドバイスはしない」とかですね。ただ、転移が起きにくい構造になっているので中立性はあまり気にしなくて良い。だから感情も出せるし自己開示もできる。これが非常に楽なんですよね。私もかつては「中立性」を誤解して「斎藤ロボ」になっていましたが、対話実践を経て人間化（笑）しました。そこから考えると「中立性」のルールは両義的です。治療関係を安全にすると同時に、拘束するものでもある。「ふつうの相談」ではこの原則とどう折り合いをつけたらいいのかということが気になるのですが、東畑さんはどうされていますか。

東畑　「ふつうの相談」をしているケースでは、本にも書きましたが、僕も自由にいろいろとしゃべりますね。世間話をしたりもする。それは治療的中立性を捨てているわけではありません。というのも、そのことによって、クライエントを何かしらの政治的・経済的・宗教的な方向へと誘導しているわけではないからです。むしろ、行われているのは現実の提示と共有であって、その意味で自己開示をするか否かというのは倫理というより

8　『ふつうの相談』では、緯度を学派知、経度を現場知とする地球儀のモデルが提示され、おのおのの「ふつうの相談」（「ふつうの相談A」）はこの球面上のどこかに位置づけられるとされている。

も、技法の問題だと思います。

もっとも、僕自身そういった自己開示に対する禁欲文化のなかで育っているので、自分で手足を縛る感覚はよくわかるし、いまでもそれを遵守しているケースはあります。セラピーのケースですね。つまり、自己開示するほうが治療的であればするし、そうじゃなければしない。問題は何を治療的だとするか、ですね。それなのに、すべてのケースにおいて、自己開示をしてはいけないと言うとドグマチックになります。それは原理主義的な発想です。本当は、いろんな技法が並存していて、それらに絶対的な優劣があると考えるのではなく、クライエントによって合うものもあれば合わないものもあるという非常に素朴な事実があると思うんですけどね。

斎藤　ケースバイケースということですね。実は『ふつうの相談』の地球儀を見たときに、この地球儀によってあらゆる専門知がなぎ倒されてしまったように感じたんです。この図式なら、あえて専門化しなくても「ふつうの相談」でいいやと思ってしまいますからね。ただ、いまのお話を伺う限り、東畑さんが問題視しているのは、個々の専門知というより、あくまでも原理主義ということになりそうですね。

東畑　僕の人生は、まさに原理主義との戦いなんです（笑）。学生時代には、一つの道を極めるマスターセラピストになりたいと思っていたのですが、なれませんでした（笑）。

そして、これは負けおしみなのかもしれませんが、そのようななんらかの治療を極めるという発想は原理主義的、反治療的になりやすいと思うようになりました。ですから、いまは町医者ならぬ「町の心理士」としてやっていけたらと思ってます。そもそも心の学問は盤石な基礎がないので、原理主義化しやすいものだと思います。不確かなことが多いので、ビシッと一本筋を通したくなる。しかし、やはり臨床は過激派よりも穏健派のほうが安全だと思います。原理主義になるのではなく、現実の不確かさや複雑さに付き合う折衷主義に留まることをよしとしたい。そういうことを最近考えていますね。

素人性と専門性の振り子

東畑　とはいえ、例えば自己開示の禁止がそうですが、「臨床心理学の神話」のようなものは抜きがたく存在しています。そして、歴史上、さまざまな人物がこの神話を脱神話化したり、オルタナティブな神話を提示したりしてきた。それにもかかわらず、神話自体はいまも生き続けていて、もちろん役に立つこともある。これがこの学問の面白いところですね。僕らの学問の歴史はいわば「永劫回帰」と言えるのかもしれません。同じ問題を少しずつ違った言葉で繰り返し語るだけで、二つの極のあいだを行ったり来たりしている。

僕自身の考えていることもそうだと思います。装いは現代の文脈に合わせてはいるけど、「ふつうの相談」だって昔からある問題の反復と言えます。なんでなんでしょうね？

斎藤　そんな印象がありますよね。その原因は、やはり素人性と専門性のあいだで振り子の行き来があるということではないでしょうか。ただ、ここまでお話ししてきて、振り子の運動が収束していくのではないかという期待も少し抱いているんです。心理学には一貫して医学モデルがあります。つまり、原因がわからないと治療することができないという発想が根強くある。そのために、それぞれの病気の原因を探る病因論も発達してきたわけですよね。ところがいま、ＰＴＭＦにせよ、ＯＤにせよ、「ふつうの相談」にせよ、病因論を理解していなくても回復は起こるかもしれないという発想が生じてきた。これからもそのような方向に進むとしたら振り子の揺れは弱まっていくように思ったんです。

東畑　逆に、専門性と素人性の往復がこれまでずっと続いてきたのはなぜなのでしょうか。身体の医者には、素人性に戻ってくるということはありませんよね。弁護士にも公認会計士にも素人性は存在しない。その意味では、僕ら心の治療者は、あらゆる専門家のなかで、ずっと素人性の問題をひきずってきた珍しい存在なのかもしれません。いや、でも、クラインマンが『病いの語り――慢性の病いをめぐる臨床人類学』（江口重幸・五木田紳・上野豪志訳、誠信書房、一九九六年）で書いているように、身体の医者も「語りが大事」

みたいな振り子はあるか。

斎藤　たしかに、身体医学の場合は基盤がはっきりしているし、頑健なエビデンスが蓄積されていますから、一〇〇パーセントひっくり返るということはまずない。ただ、ＥＢＭ（Evidence-Based Medicine）に対してＮＢＭ（Narrative-Based Medicine）が提唱されるという動きは「語りの尊重」に近いでしょうね。あと二者で行っていたインフォームド・コンセントに代わる共同意思決定（治療上の意志決定を多くのスタッフが共有する）なんかもそれに近い動きでしょう。

ただ、願望を込めて言えば、それは振り子運動でありながらも螺旋を描いて上昇しているところはないでしょうか。素朴さへの回帰は、その直前の専門性や、それ以前の素朴さへの批評を含んではいないでしょうか。例えばＯＤは、一九世紀初頭のモラル・トリートメントへの回帰だ、という人がいます。そういう面はあるかもしれませんが、私にはそれが「より高次元での回帰」だ、と言いたい気持ちが実はあります。

ところで、心の診療で素人性が問題であり続けているのは――東畑さんの本のタイトルではありませんが――まさに心がどこにもないからではないでしょうか。実際、行動主義のように、心は「ない」と想定することも一応は可能です。哲学的ゾンビの思考実験もそうですね。むしろ「ある」ことにするという想定にそもそも無理があるからこそ、議論が進まないのではないか。かといって「ない」と割り切ってしまうと、それはそれで袋小路になってしまう――面白くはありますが、非常に厄介な問題ですね。

振り子はこれからも揺れ続ける

斎藤　この振り子が戻って、もう一度専門性のほうに振れることがあるのかも気になるところですね。

東畑　ものすごい治療法が出てきたりすると、そういうことはありうるかもしれないですね。ここが興味深いところですが、僕らの学問の歴史を振り返ると、新しい治療法が現れては人々を魅了するということが繰り返されてきました。出てきた当初は臨床全体を変えてしまうような〝祭り〟のような雰囲気があって、時間が経つとだんだん落ち着いていく。祭りが収まり、世俗化し、制度のなかにある部分取り込まれる。最終的には、少しは良い効果をもたらすものの、さほどの影響力を持たなくなっていき、また新しい祭りが始まる――その繰り返しですね。

斎藤　思い込みかもしれませんが、ああいったケースではビギナーズラックが少なからずあって、導入初期こそ相当成果が上がっても、広がるにつれてだんだんと弱まってくるように思えてなりません。

東畑　治療者が夢中になっていると、治療成果が上がるというのは人間的な感じがして、面白いですよね。実際そうなんだと思うし、この仕事の核心は人間と人間との出会いなんだと思いますね。

斎藤　その出会いが導入初期の熱気やエモい感じにつながるんだけど（笑）。広がるとそのエモさが消えてしまうんですよね。

東畑　官僚主義化するとエモさが消えちゃう。精神分析も、官僚主義化して訓練が整備されていくと、クリエイティビティが下がっていきます。これはカーンバーグが訓練生の創造性を殺す方法みたいな論文[9]で書いていましたね。でも、安全性のためには官僚主義化する必要があるんですよね。クリエイティブな治療者が生まれやすいことよりも、まずい治療者が出ないようになっているほうがユーザーにとっても、専門家にとっても大切です。そういう意味でエモい時代と官僚制の時代、両方合理性があって、ここにも振り子がある。

9　Kernberg O. F. (1996). Thirty methods to destroy the creativity of psychoanalytic candidates. *The International journal of psycho-analysis, 77 (Pt 5)*, 1031–1040.

斎藤　不思議なことに、それは薬にもあるんです。一九八〇年代の米国で、抗うつ薬のプロザックがうつ気分の最終解決策としてブームになったのですが、いまではほとんど顧みられません。統合失調症でもクロザピンが出てきて、これが決定打、みたいに盛り上がったんです。たしかに一時期非常に効いていたのですが、最近はふつうの薬になってしまいましたね。

東畑　振り子の揺り戻しと言えば、最近それを予感させる出来事がありました。僕はつながりに対してかなり篤い信頼があって、誰かに頼れると人は楽になると確信してるんです。ところが、それは自明なことではなくて、僕が偏っているだけなのかもしれないと感じることがありました。僕の本は基本的に「つながり讃歌」で終わっていると、教育者・作家の鳥羽和久さんがSNSで指摘されていて、「私は繋がりを彼ほどには信じていない」と書かれていたんです。哲学者の千葉雅也さんも、鳥羽さんと僕のやりとりを受けて「僕の学生時代には、心を信じることも、つながりを信じることもない人文学を鍛えていたと思う」と書かれていました。これは頷かされました。僕にはたしかにつながり信仰があって、それ自体も今後振り子のように揺り戻しがあるかもしれないと思ったんです。

斎藤　いやいや、つながりの価値はむしろかなり幅広く共有されているはずですけどね。いまの承認ブームもつながりの裏返しのようなものですから。ひきこもり支援を三〇年やってきた私自身、つながりがいかに大切かは身に染みてわかりますし、『ふつうの相談』を書かれた東畑さんにとっても、ごくふつうの発想ですよね。

東畑　僕は、もはやメタ化できないくらいつながりを信じているんですよ。信念です。臨床家にはそういう相対化できない信念みたいなものが必要な気がしています。逆に言うと、僕はそういう信念を見つけるのに時間がかかった人です。すべてが疑わしく思えたので、何か確かなものを見つけるために、医療人類学の旅に出たという面があります。ですから、信念が見つかって楽になった。そういう意味で、とりあえず現時点では、つながりのほうに振り子が振れている、というくらいに理解しておいたほうがいいかもしれないないなと思ったんです。とはいえ、これから揺り戻しがあるとすれば、つながりとはまた別の大事なものが何かしらあるということですよね。それは果たしてなんなのか……。

斎藤　信念ということで言えば、私はやはり「対話」になりますか。もちろんつながりとも関係しますが。極言すれば、「対話さえ続いていればなんとかなる」くらいに考えていますから。これはひきこもり臨床から学んだことです。対話の良いところはそれがストカスティック（場当たり的）なプロセスであることと、にもかかわらずナラティブの軌跡を残すことです。これは言語が持つ〝正常化〟の作用ですね。ただ、ここにはたしかに「深層に向かおうとするベクトル」はありません。精神科医の松本卓也さんの言葉を借りれば、水平性に対する垂直性ということになるのでしょうか。つまり個の実存を深めていく方向です。それが再び求められる時代になるなら、それも振り子の運動なんでしょうね。

東畑　松本さんはいいこと言いますよね。水平性と垂直性のあいだで、これからも振り子は揺れ続けていく。社会の風がいろいろな方向に吹くから、それに合わせて振り子は揺れるのでしょう。結局、心の臨床家は社会の風のなかでゆらゆらと揺れながら、それでもなんとかバランスを保とうと重心のかけ方を微調整する仕事なのかもしれません。これが反原理主義的な臨床学の基本思想だと思います。また時が経って、その揺れの歴史を語り合えたらいいなと思っています。

あとがき

斎藤　環

「臨床のフリコラージュ」。なんだそれは、と思われた方、すみません駄洒落です。東畑さんの「まえがき」を読んでいただければおわかりのように、ブリコラージュと振り子をね、ちょっとかけてみたという。

そう、あれは忘れもしない二〇二三年九月一八日、本書の最終章に当たる対談を終えて一息ついていたら、たまたまそこに居合わせた医学書院の名物編集者、白石正明さんが呟いたのです。「本のタイトル、フリコラージュ…ってどうですかね?」。もう全員爆笑。長い対談の収録を終えて変なテンションになってた四人が、全員一致でタイトル決定。良いタイトルは最強のインセンティブ。ちなみに白石さんは、私と東畑さんの共通の知り合いで、対談後にちょっとしたお祝い事もあった関係で陪席していたのでした。

ともあれ、そんなわけで、ちょっと変わった対談本ができました。

実際、こういう本は珍しい。心理学者と精神科医、という組み合わせならほかにもありますが、話題はそれぞれの専門領域に限らず、多領域に展開していきます。かといって、時事放談的なお喋りとも違う。私たちは、一見無関係な話題を扱うときも、おおもとでは「心の臨床はどうあるべきか」に照準しながら対話してきたつもりです。手前味噌ですが、こういう対談本は、ちょっとほかに例を思いつきません。

対談でもふれられていますが、最近、「心の専門家」需要はめっきり減っています。元気なのは自己啓発系か、脳科学者か、あと対談では言い忘れたけれど、マンガも含めて当事者の発信がすごく増えました。おかげで従来の意味での「心の専門家」は、自分の専門についてしか書か（け？）なくなりました。要するに「心のジェネラリスト」がいなくなってしまった。かく言う私も、けっこう節操なく領域横断の仕事をしてきたつもりですが、実は一般向けの「心の本」はそんなに書いていません。ひきこもりの本はたくさん書いてきましたが、それは自分のなかでは「心の本」とは少し違うものなのです。

そういう状況が続くなか、「東畑開人」の登場は、ひどく新鮮な驚きでした。デビュー作こそ沖縄のヒーラーに取材した本（『野の医者は笑う――心の治療とは何か？』誠信書房、二〇一五年［文春文庫、二〇二三年］）で、「面白いけど、一体どういう人なんだろう？」と不思議に思っていましたが、二作目の「いるつら（『居るのはつらいよ――ケアとセラピーについての覚書』医学書院、二〇一九年）」という傑作が出て、少し方向性が見えてきました。それ以降の快進撃はみなさんもご存じの通り。まさにひさびさの「心のジェネラリスト」の再来か、と感じたものです。思えば心理学者でジェネラリストという存在は、河合隼雄以降、永らく空位のままでした。そうした意味でも東畑さんの登場は、まさに人々の待望に応えるものだったはずです。

実はここにも「振り子」があります。「ジェネラリスト」と「学派的専門家」のあいだで揺れる振り子が。ただし、この振り子の軌跡は同一ではありません。対談でも少しふれましたが、振り子は揺れながら螺旋を描いて上昇しているかもしれない。東畑さんはジェネラリストの立場を意識的に引き受けながら、ジェネラリストのバージョンアップをはかっているようにも見えます。そうした意識から生まれた果実の一つが『ふつうの相談』（金剛出版、二〇二三年）だったように思うのです。こういう本は、古き良きジェネラリストには決して書けなかったでしょうから。

「まえがき」で東畑さんはこの対談を「オタクとガチオタクの出会い」と書いてくれました。オタクを尊敬している私としては、これはとても嬉しい評価です。ところで東畑さんの言う「オタク」は、たぶんただのマニアとは区別されています。彼の言うオタクとは、ある対象を愛しつつ、「対象を愛する自分」や「対象の社会的位置づけ」、「対象の歴史的評価」などといった全体状況を俯瞰する視点を持つ人のことのようですね。これは二〇年来のオタク研究者としても、とても納得できる考えです。

東畑さんは著書『ふつうの相談』などで、メタ視点から臨床心理学の領域全体を俯瞰しようとするくらいですから、まさに心理学オタクと言えるでしょう。ならば私はどうなのか？　初めて告白するんですが、実は私も、昔から「ふつうの相談」オタクではあったのです。東畑さんの意味とは少し違いますが、普段の診療において役立つ精神療法的なTipsを収集するという癖があります。例えば診療では「できるだけ「どうして？」と言わない」とか、「「ヒマなときはどうしてますか？」じゃなくて「〝自分の時間〟はどうしてますか？」と聞く」みたいな、ちょっとしたコツですね。中井久夫や神田橋條治の著作は、そういうTipsの宝庫なので、それでハマったというところもある。周りにこういうことをしている精神科医はあまりみかけないので、たしかにオタクっぽいかな、と思うところはあります。

あとは、やはりメタ志向ですね。私はこれまで、副業として批評や評論を数多く手がけてきましたが、その際は基本的に、ラカン派精神分析に依拠していました。フロイトは精神分析をメタ心理学と位置づけましたが、その伝で言えば、ラカンは確実にメタ精神分析をやっていた、と私は考えています。いわば究極のメタ理論ですね。だから、私の見る限り、ラカン派はオタクだらけです。私はだいぶぬるいほうなので、「ふつうのオタク」でも十分に満足なのですが。

ともあれ、こういうメタ志向のまま節操なくいろんな仕事を手がけてきた結果、俯瞰だけは得意になりました。だから東畑さんが私と「一番話が合う」と評価してくれたのはとてもうれしい。実は私も同感なのですが、これは単なる共感とか同一視とかではなくて、知的関心における「同志」を見つけた！という感覚に近いものです。いつのまにか還暦をすぎてしまった身としては、二〇歳近くも若い同志と出会えた歓びは格別なものです。

さて、ここで私も、「振り子」問題について考えてみたいと思います。

本書では「素人性と専門性」のあいだ、という前提で話が進みますが、振り子が揺れる場所はほかにもあります。実は私は、この問題を一〇年ほど前からずっと考えていました。

例えば二〇一五年に『(岩波講座　現代1) 現代の現代性――何が終わり、何が始まったか』(岩波書店) に寄稿した一文「こころのトポスはどう変わったか」では、中井久夫による「普遍症候群」と「個人症候群」のあいだの振り子について検討しています。この元ネタは、第一章でもちょっとふれた宮内悠介の長編SF小説『エクソダス症候群』（東京創元社、二〇一五年［創元SF文庫、二〇一七年］）からの引用だったりするのですが、紙幅の関係で詳しいことは省略しましょう。

うつ病や統合失調症など、精神医学の教科書やDSM－5などの診断基準に掲載されているものが「普遍症候群」、そうした分類が当てはめにくく、その個人に特異的としか見えない疾患が「個人症候群」です。「普遍症候群」には科学的精神医学が、「個人症候群」には精神分析が対応します。作中人物のセリフを引用しましょう。「精神医学の歴史とは、つまるところ、光と闇、科学と迷信の強迫的なまでの反復なのだ」。

そう、ここで「科学」には普遍症候群、あるいは専門的相談があてはまるし、「迷信」には――表現はちょっと問題ですが――「個人症候群」や素人的相談が該当します。考えてみれば、近代以降の精神医学は、普遍と個人（専門性と素人）とのあいだで、弁証法的な葛藤を繰り返してきたのではないでしょうか。具体的には催眠療法→精神分析→CBT（認知行動療法）→マインドフルネス、というように。そして、いまなお振り子の揺れは続いています。

この振り子現象の原因は、東畑さんが言うように、社会の側の要因がまず考えられます。ただ、ここで少し疑問なのは、多少の時差はありつつも、この振り子運動は全世界的な規模で起きている、という点です。何事も反動があるさ、と言ってしまえばそれまでなのですが、もう少し深掘りしてみたい。そう思っていたら、面白い本に出くわしました。

精神科医の蓮澤優さんの著書『フーコーと精神医学——精神医学批判の哲学的射程』（青土社、二〇二三年）です。蓮澤さんはフランスでラカン、ではなくフーコーについて学んだ哲学者でもあります。この本では、主著『狂気の歴史』で、一気に反精神医学の象徴となったフーコーの思想の変遷を辿り、最晩年の著作に治療論のヒントを見出すという、非常に興味深い議論が展開されます。

本書によれば、フーコーは若い頃、師であるガストン・バシュラールの導きで、カント研究に打ち込みました。そこでフーコーは、カントの体系に、次のような基本想定を見出したといいます。すなわち、人間とは「超越論的な主体性」と「経験的な主体性」との奇妙な二重体であり、両者は交わることのないねじれた関係にある、と。そしてフーコーは、カント以降の思想史では、人間を二重体のどちらかに還元しようとする運動が繰り返されてきたと批判しているのです。

どうでしょう。ここにあるのは、いわば哲学的な振り子ですが、構図はそっくりですよね。

超越論的〜とかいうと難しく聞こえますが、要するに環境とか経験とかに左右されない、最も抽象レベルの高い自己のことでしょう。あらゆる経験や思考を俯瞰することができる、不動のメタポジションですね。経験的な主体、はその逆で、置かれた環境や目の前の経験に影響されつつ右往左往する自己のことです。

こうした奇妙な二重体のことを巧みに言い表した中井久夫の言葉があります。「自己は世界の中心である（超越論的主体）と同時に、世界の一部である（経験的主体）ということです。この二つのことを同時に感じとることが精神健康の目安のひとつです〈（ ）内は筆者〉」。なんのことはない、健康な人はこの「ねじれた二重体」をなんとなく両立させているものですよ、というわけです。

私には治療における振り子の問題も、この二重体に関係がありそうに思われてなりません。実存を掘り下げるような専門性の高い治療が超越論的主体に対応し、日常生活のなかのさまざまなストレスや困難に素人的に対処する治療が経験的主体に対応する、ということ。前者が精神分析やマインドフルネスなら、後者は薬物療法や認知行動療法にあたるのではないでしょうか。こういう、人間が本来持っている二重性ゆえに、振り子運動が続いてきた、という仮説はどうでしょう。

いまや私の頭のなかに、最近やっと読んだ劉慈欣《リウツーシン》のSF『三体』（大森望・光吉さくら・ワンチャイ訳、立原透耶監修、早川書房、二〇一九年）に出てくる巨大な振り子のイメージが浮かんできました。こうした振り子運動そのものが、人類史的なスケールで見ると、ゆっくりと「治療」を進歩させてきた。そう考えるのは楽観的すぎるでしょうか。

たしかに医療人類学的な視点から見ると、現代的な精神医療が、発展途上地域のシャーマンよりも成果を挙げられない、なんていうこともあるでしょう。でも、一つだけ言えることは、治療の「選択肢」は確実に増えている、ということです。例えば、日本のような精神病院への収容主義は非常に問題も多い。しかし、それを良しとしない人には、いまやACT（Assertive Community Treatment：包括型地域生活支援）や訪問看護、オープンダイアローグといった選択肢がある。振り子は絶え間なく揺れながら、私たちの選択肢を増やしてきた。少なくとも私には、そんなふうに思えるのです。

何やら「あとがき」よりも「往復書簡」めいてきましたので、そろそろしめくくりにしたいと思います。あ、でも東畑さん、いつかぜひ往復書簡もやりましょう。あれはあれで対談とは別の愉しさがありますから。

最後に謝辞を。

まずは本書にぴったりのタイトルを勝手に発案してくださった医学書院の白石正明さんに。素敵な装画を提供してくださった和田朋子さん、イカした装幀を担当してくださったアルビレオの西村真紀子さんに。そして、本書の成立に当たり、ものすごく尽力してくれた青土社書籍編集部の山口岳大さんに。彼の企画力と迅速なテキスト編集力がなければ、本書が日の目をみるのはずいぶん遅れたと思います。ここに記して感謝いたします。

二〇二三年一〇月二〇日

水戸市百合が丘にて、猫たち（ダイアン＆ローグ）の騒ぐ音を聞きながら

初出一覧

第一章　『現代思想』二〇二一年二月号　特集＝精神医療の最前線
（原題：「セルフケア時代の精神医療と臨床心理」）

第二章　『現代思想』二〇二二年一二月臨時増刊号　総特集＝中井久夫
（原題：「文化と臨床――あるいは中井久夫の原理主義なき継承のために」）

第三章　二〇二三年四月二九日、ジュンク堂書店池袋本店にて収録

第四章　二〇二三年九月一八日、青土社編集部にて収録

既発表のものについては、書籍化にあたり加筆修正を施した。

2023 年 9 月 18 日、青土社編集部にて

斎藤環（さいとう・たまき）

1961 年岩手県生まれ。精神科医。筑波大学大学院医学研究科博士課程修了。医学博士。現在、筑波大学社会精神保健学教授。専門は思春期・青年期の精神病理学、病跡学、精神療法。著書に『「自傷的自己愛」の精神分析』（角川新書）、『映画のまなざし転移』（青土社）など。

東畑開人（とうはた・かいと）

1983 年東京都生まれ。臨床心理士。京都大学大学院教育学研究科博士後期課程修了。博士（教育学）。現在、白金高輪カウンセリングルーム主宰。専門は臨床心理学、精神分析、医療人類学。著書に『聞く技術 聞いてもらう技術』（ちくま新書）、『ふつうの相談』（金剛出版）など。

臨床のフリコラージュ
——心の支援の現在地

2023年11月20日　第1刷印刷
2023年11月30日　第1刷発行

著　者　　斎藤環・東畑開人
発行者　　清水一人
発行所　　青土社
東京都千代田区神田神保町1-29　市瀬ビル　〒101-0051
電話　03-3291-9831（編集）　03-3294-7829（営業）
振替　00190-7-192955
装　幀　　アルビレオ
装　画　　和田朋子
印刷・製本　双文社印刷
組　版　　フレックスアート

ISBN978-4-7917-7601-6　Printed in Japan